新時代の広報

―企業価値を高める企業コミュニケーション―

著 佐桑 徹

江良俊郎

金正 則

同友館

はじめに

　本書は、広報活動が企業価値にどのように貢献しているのか、をテーマとしている。第一部では、広報活動の新しい潮流を中心に記した。SNSの普及により、企業広報はこれまでの既存のマスコミ対応以外にダイレクトコミュニケーションが求められるようになった。さらに企業のグローバル化に伴いグローバル広報が重要になり、ホールディングス制の普及によりホールディングス広報、グループ広報に注力するようになった。そして、これらの広報を実践していくうえで、社員が重要な役割を果たすことが期待され、社員が会社の経営方針や経営理念を自分ゴト化し、行動・情報発信していくためインターナルコミュニケーションに関心が持たれるようになってきた。第一部では、こうした最新動向をまとめている。

　第二部では、広報関係者の間で関心が高いマスコミ対応と危機対応のノウハウ、実務を行ううえで重要なポイントをまとめている。

　特に企業広報、いわゆるコーポレート広報分野では、まず初めに多くの企業で最重要と捉えられているメディアリレーションへの取り組み方を紹介した。米国はじめ広報先進国では、ソーシャルメディア対応やデジタル化など、新たな対象や多様な広報手法に関心が移る中で、日本においては主要紙をはじめとする従来メディアへの対応が不可欠な理由についても解説を試みた。

　また、第8章の「企業価値を高める危機対応、危機管理広報」では、米国で誕生したパブリック・リレーションズが危機管理広報（クライシス・コミュニケーション）と極めて密接な関係をもっていること、さらに最近の危機対応の考え方と実務の実際について、また、組織における事前の危機管理体制構築についてもポイントを挙げた。

　ここ数年間でもベンチャーから国内基幹産業の名門まで多くの危機が会社を襲っている。危機を経験しない会社はないと言える。広報担当者は短い任期であっても、大なり小なり緊急事態対応と無縁に過ごすことはできない状況であり、しっかり基本を押さえて対応する必要がある。

　緊急時は、その人の本性が出てしまう。平時には客観的に物事を評価する

トップでも、危機の当事者としてテレビカメラの前で答える立場になると、「事態に対する認識」は一般社会とズレてしまいがちになる。平時からの考え方、認識、経営者としての資質が問われる場面である。広報部門には緊急時はもとより平時においても、社会の声を聴いて、企業を正しい方向に導く機能と責任がある、と申し上げたい。

　マーケティングPRについては、本稿のテーマが企業価値を高めるマーケティングPRであることから、「企業価値」の考え方の歴史的な流れを紹介したうえで、マーケティングの基本概念である「欲求と価値の交換」から「ブランド価値」が発見され、現在はブランドの創造活動、「ブランディング」へと向かっていることを記した。

　そして、この流れのなかに、世界の企業の供給力が需要を大きく上回る「ハイパー・コンペティションの時代」が訪れ、企業には、「新たな市場創造」を果たす「価値創造体」への変貌を迫られていると述べた。

　今後、広報部門は、市場変化の察知、潜在ニーズ発見と未来市場の予測、技術と新市場とのマッチング、そしてマーケティング・コンセプトやマーケティング・ストーリーづくりなど新市場創造活動の一端を担うことになると思われる。

　そのような「広報の未来の仕事」に必要なナレッジとして、「キー・インサイトの発見手法」、「未来予兆分析」の2つの実務的知識と方法を具体的に提示した。

　企業広報関係者、広報に関心を持つ学生の皆さまに何らかの参考になれば、と思い本書を出版することにした。

　2017年12月

佐桑　　徹

江良　俊郎

金　　正則

Contents

はじめに

第Ⅰ部　新しい時代の新しい広報 ………………………………………… 1

第1章　これまでの広報、これからの広報 ……………………………… 2

1. エンゲージメントの時代に ……………………………………… 2
2. 「組織」と「ヒト」を動かすのは「情報」………………………… 3
3. これから本当の「関係性」構築が始まる …………………………… 3
4. 広報は、どのように進化を遂げてきたか　……………………… 5
5. 広報が相手にするのは「人間の感情」…………………………… 10
6. ステークホルダーとの関係性の緊密化 ………………………… 10

第2章　企業広報最新事情 ……………………………………………… 13

1. 財務・非財務情報を統合し企業価値を高める時代に ………… 13
2. 企業の信頼を高める技術広報 …………………………………… 17
3. SNS を活用した広報、PESO の時代へ ……………………… 19
4. グループ企業の価値の相乗効果を高めるグループ広報戦略 … 24
5. グローバル事業に貢献するグローバル広報戦略 ……………… 28
6. グローバル広報人材の育成 ……………………………………… 30

第3章　広報担当が一年以内に習得すべき広報スキル ……………… 33

1. 広報部長・担当者に求められる基本的な心構え・資質 ……… 33
2. 「ストーリーテラー」になれるか ……………………………… 35
3. 広報担当者に必要な文章力 ……………………………………… 36
4. 日本企業の広報人材育成の課題 ………………………………… 37

| 第4章 | 広報における経営者の役割、社員の役割 | 39 |

第4章　広報における経営者の役割、社員の役割 …………… 39

1. 企業価値を体現する経営者の情報発信 …………………… 39

2. インターナルコミュニケーション重視の広報戦略 ……… 44

3. 「○○ウェイ」の策定……………………………………… 50

4. 周年事業の活用と"自分ゴト化" ………………………… 51

5. 成功事例、好事例の共有化 ……………………………… 52

6. 社員をアクティビストとして活用する ………………… 54

第5章　教育支援活動への新たな視点 ………………………… 58

1. 出前授業を実施するときの注意点 ……………………… 58

2. 向山洋一氏に聞く「子どもたちが調べ、考える工場見学、
出前授業に」………………………………………………… 60

3. 谷和樹（玉川大学教職大学院教授）・小森栄治（日本理科研究センター代表）
に聞く「企業にできること」…………………………… 61

4. 企業博物館ミュージアムの活用 ………………………… 64

第6章　広報活動の企業価値への貢献をどう測定するか ……… 68

1. 広報の効果を社内にいかに説明するか ………………… 68

2. 幾つかの効果測定モデル ………………………………… 68

3. 多様化する報道の広告費換算 …………………………… 70

4. 効果測定、幾つかの手法 ………………………………… 71

5. 広報の最終目標は「行動変容」………………………… 75

第Ⅱ部　企業価値を高めるメディア対応と危機管理……… 79

第7章　企業価値を高めるメディアリレーションズと対応実務 … 80

1. 日本では重要なマスメディアへの対応 ………………… 80

2. メディアリレーションズと広告 ………………………… 88

3. メディアリレーションズの基本 ………………………… 89

4. 広聴活動としてのメディアリレーションズ …………… 105

5. これからのメディア環境の変化とターゲットメディア ……… 106

第8章　企業価値を高める危機対応、危機管理広報 …………… 114

1. パブリックリレーションズとクライシス・マネジメント ……114
2. 危機管理広報におけるコミュニケーション実務 ……………… 116
3. 企業の危機管理体制の構築 …………………………………… 140

第9章　IR活動とディスクロージャー …………………………… 152

1. インベスター・リレーションズ（Investor Relations = IR）… 152
2. 情報開示のルール ―制度的開示― …………………………… 152
3. IRパーソンとしてのトップマネジメント …………………… 156
4. IRスタッフの役割 …………………………………………… 156
5. IRツール ……………………………………………………… 157

第10章　企業価値向上に向けた広報・マーケティング…………… 158

1. 「企業価値」と「マーケティングにおける価値」……………… 158
2. 広報活動に変化をもたらすもの ……………………………… 163
3. 広報活動のこれからの役割 …………………………………… 169
4. 新市場探索の方法 …………………………………………… 174
5. 未来予兆分析の基礎知識 ……………………………………… 184
6. 未来予兆分析のステップ ……………………………………… 192
7. マーケティング・ストーリー ………………………………… 198
8. 結び …………………………………………………………… 203

おわりに ………………………………………………………… 207

第 I 部

新しい時代の新しい広報

第1章

これまでの広報、これからの広報

■ 1. エンゲージメントの時代に

　時代とともに、広報のノウハウやテクニックも変化する。広報の元となった英語は、「パブリックリレーションズ」であるが、「パブリックリレーションズ」とは「メディアリレーション」「エンプロイーコミュニケーション」「インベスターリレーション」「コミュニティーリレーション」などさまざまなステークホルダー（利害関係者）とのリレーションズの総和である。かつては「弊社は上場していないので広報部門はいらない」「マスコミが取り上げる規模でないので広報機能はいらない」「一般の人たちの関心がないので広報活動はいらない」との誤解があった。

　上場していなければ「インベスターリレーション」、B to B 企業であれば「コンシューマーリレーション」が存在しないかもしれないが、それ以外の人たちとの関係性は存在している。「上場していないから」「B to B 企業だから」広報は必要ないということは決してない。

　多くの人たちは、工場を訪問したり営業職員に会う前に、あるいは商品を購入する前に企業サイトを見たり、新聞記事、広告を見たりして初めて会社のことを知り、関心を持つ。そういう意味では、新聞記事、広告、商品や企業サイトが重要で、それを担当する広報、広告部門が、企業と全く接点のない人たちが企業と出会う「入り口」として重要な役割を果たしている。しかし、その後、電話で応対した人の話し方、カウンターでの社員・店員の対応、消費者苦情処理センターでのやり取りで顧客の会社へのイメージ・印象が変わってしまう。ある企業で嫌な体験をすると、そのライバル企業のファンになってしまうことはよくあることである。これまでの広報の仕事は、この前者のみであったが、今では後者のコミュニケーション活動にまで広報部門が関わらなければならない時代になった。

社員全員が会社の方針や経営理念を理解し、それを行動で体現することが望ましく、それに向けて社員とコミュニケーションを行い、広報部門もその一翼を担うことが望ましいことは言うまでもない。社員が会社にエンゲージされ、そして社員を通じ、社外の人たちがエンゲージされていく。これからの広報活動のキーワードは、エンゲージメントである。「社員変革」→「会社変革」→「ステークホルダー変革」である。

2.「組織」と「ヒト」を動かすのは「情報」

企業が持っている価値は、「ヒト」「モノ」「カネ」の3つだと、しばしば指摘されるが、それに「情報」を加え、企業が持つ価値は、4つだといえる。広報部門が担う企業価値は、まずは、「情報」により企業の付加価値を高めることだ。「情報」が、「ヒト」（社員）、それを通じて「モノ」「カネ」の価値を高めたり、価値の損失を防いだりする。

例えばM＆A（企業の合併・買収）や不祥事などの緊急時である。対外的な発表のタイミングを間違えばM＆A自体が破談しかねない。「情報管理もできない企業と合併できない」と相手企業に判断されてしまい、M＆Aが不成立になってしまうことすらある。

また統合後にはインターナルコミュニケーションの果たすべき役割が大きい。例えば、統合した企業の社員よりも統合された企業の社員の方が「自分は将来どうなるのだろう」など、不安が大きいものだ。M＆Aによる今後の戦略、ブランド展開などの理解促進を図る広報部門の役割は重要である。エンプロイー・エンゲージメントを高め、M＆Aのシナジー効果を高めることに全社挙げて行うことが重要で、広報活動はますます経営機能の一環となってきた。

3. これから本当の「関係性」構築が始まる

「不易流行」という言葉がある。「流行」とは、時代の変化によって変わること、時代によって変わることをいう。ソーシャルメディアの普及によるツールの変化も、これに当たると思う。これに対し「不易」とは、どの時代でも変わらない本質を指す。

では、広報の「不易」、広報の本質とは何か。それを考える上でヒントとな

る幾つかの定義を紹介したい。

　日本では、まだ広報に関する著作が少なかった1970年代に出版された、広報関係者にとって古典的名著といえる加固三郎氏の『PR戦略入門』によると、「PRとは、個人または組織体が、その関係する公衆の理解と協力を得るために、自己の目指す方向と誠意を、あらゆるコミュニケーション手段を通じて伝え、説得し、あわせて自己修正をも図っていく継続的な対話関係である。自己の目指す方向は、公衆の利益に合致していなければならず、また現実にそれを実行する活動をともなわなければならない」。

　また、米国のパブリックリレーションズの教科書として有名なカトリップ、センター、ブルーム３氏による『Effective Public Relations』（邦訳・『体系パブリック・リレーションズ』）では「パブリック・リレーションズとは、組織体とその存続を左右するパブリックとの間に、相互に利益をもたらす関係性を構築し、維持するマネジメント機能である」と定義している。

　一方的に主張ばかりを述べるのは「モノローグ」である。「コミュケーション」には雑談や飲みにケーションも入る。しかし、「相互に利益をもたらす関係性を構築」するためには、お互いの主張を修正しなければならない。これが「ダイアローグ」である。

　つまり、広報とは、「関係する様々な公衆」「存在を左右するパブリック」との関係を維持・発展させることである。それを効率的に行うために、マス媒体を通じてそうした公衆の各層との関係性維持を一括して行っていたが、ソーシャルメディアの登場（「不易流行」でいう「流行」による変化）で、さまざまな公衆との直接的な、ツーウェイコミュニケーション、そしてダイアローグを通じて、広報の本質ともいえる本当の関係性を一層、構築できるようになったといえるかもしれない。

　「激動の時代」「変革期」という言葉は、いつの時代でも使われていて陳腐化してしまっているが、今こそ、本当の変革、激動の時代だと思う。これまでの一方的な広報活動ではなく、前述した定義で示されているような本当の広報活動、本当の関係性構築が始まったといえよう。

4. 広報は、どのように進化を遂げてきたか

　広報部門は、これまでつらい立場に立たされていた。広報活動の意義や重要性は長い間、社内であまり理解されず、これまで広報は利益を生まないコストセンターと見なされ、景気が悪くなると３Ｋ（交通費、交際費、広報・広告予算）のひとつとして予算がカットされていた。これでは戦略的な広報などできるものではない。これから記すが、広報業務は拡大を続けたが、その割に予算と人員は増加しなかった。

　まずは、日本企業の広報活動がどのように拡大してきたかを確認してみたい。その上で、現在どのような活動分野に焦点が絞られ、どこに向かおうとしているかを考察したい。

　日本の今日の「広報」（パブリックリレーションズ）の基礎を築いたのは、戦後のGHQによってである。つまり、日本に現代広報が伝えられてから70年近く経つともいえる。

　しかし、広報の理解はなかなか進まなかった。一般市民・国民が「広報とは何か」などと考えることはなく、牛乳のテトラパックの企業からのお知らせ欄も「広報欄」であるし、市役所の発行する冊子も「広報誌」、そして広告・宣伝も「PR」と呼ばれ「広報」の違いが理解されなかった。

　また、「自己PR」も「自己アピール」（自分を宣伝する）と同義語として扱われ、いずれも一方的に、自分が伝えたいことを述べるのが、「広報」と認識されていたのではないか。「広報」が誤解されていた。

　広報には、幾つかの流れが考えられる。ひとつはメーカーが、商品宣伝の一環として始めた商品広報や企業イメージ向上のための広報を"源流"とするものである。代表例は現在のパナソニックである。商品であるテレビを売るために松下幸之助氏がハッパをかけたとされている。

　別の流れは証券民主化によるものがある。今日でいうIR（投資家向け広報）の走りといえる広報である。

　また、日経連を中心に社内教育、組合対策の観点から社内報の重要性が説かれ、多くの企業で総務部に社内報担当者が置かれた。人事・労務担当者が熱心に推進した。

一方、運輸・エネルギー産業などでは、事故対応で広報部門が整備された。事故が起きると、その経験に学び、再発防止や緊急時対応のためにマニュアルが整備されていった。

　50年代後半が広報部門設置の"第1次ブーム"であったとすれば、"第2次ブーム"は70年代であったといえる。公害問題や石油危機などで企業の社会的責任が問われるようになってきたことが背景にある。

　80年代に入ると、既に多くの企業で広報部門が設置されていたが、海外から「日本の政治家や経営者の顔が見えない」との批判が聞かれるようになった。しだいに「トップ広報」の重要性が意識されるようになった。米国で英語を使い、コミュニケーションを行い、「顔の見える日本人経営者」として、ソニーの盛田昭夫会長が脚光を浴びた。

　また、このころからコーポレート広報が意識されるようになった。店頭にある商品を見るだけでは、その商品が信頼できるものかどうかが判断できない。また当時は、外国では、「メイド・イン・ジャパン」といえば「安かろう、悪かろう」のイメージが強かった。だからこそ、ソニーの盛田昭夫会長のようにトップが「顔の見える広報」を行い、企業理念、日本企業の信頼、つまり、商品ではなく作り手の信頼を高めることが必要だったのである。

　80年代になると、日本経済は量的拡大から"質への転換"を迫られた。ソフト化、情報化への道を歩み始めた。洗練された企業活動が求められ、企業広報には国内でも、スマートに企業を社会にプレゼンテーションする役割が期待されるようになった。その結果、広報関係者の間では「企業イメージの向上」が関心事となった。「エクセレント・カンパニー」（優れた会社）よりも「グッド・カンパニー」（良い会社）を目指すべきだともいわれた。イメージの良い会社になるために何をすべきかが議論された。やみくもに利益を追求するだけではなく、「自分たちは何者か」を見つめ直すCI（コーポレート・アイデンティティー）や地域社会との共存を図る社会・文化活動などに関心がもたれた。「企業市民」という言葉も登場した。80年代後半には、円高不況から脱し、人材確保の面から「リクルート広報」が注目を集めるようになった。

　ただ、80年代のCIはというと、目に見えるロゴや社章、社名の変更といったVI（ビジュアル・アイデンティティー）が注目された感が強い。本来は、

CI導入に伴い、全社的なコミュニケーション改革や、広告・宣伝・広報が一体となった改革でなければ企業文化（風土）改革にならない。このため80年代のCIは不完全であったと見る広報関係者も少なくなく、その後、CC（コーポレート・コミュニケーション）という観点から企業広報を見直そうとの動きに繋がった。

それまでの広報活動がマスコミ対応、社内報の制作、文化活動などに力点が置かれていたのに対し、CCは株主、従業員、取引先、消費者、生活者、地域社会、国際社会など、あらゆるステークホルダーとのコミュニケーションを全社レベルで体系付け、関連を持たせようとするものである。もちろん、どのステークホルダーをどの順番で重視するかは企業の戦略であるが、広報部門が、企業（コーポレート）としてコミュニケーション活動を担う機能として認識され始めたのも、このころであるといえる。

平成に入り、証券不祥事などを契機に、今度は「企業倫理」が問われるようになった。「企業の社会性」「フィランソロピー」「1％クラブ」などがキーワードとなった。また、フランスの企業文化連合組織を手本に「企業メセナ協議会」が設立され、日本においても企業による文化・芸術支援活動が本格化した。スポーツ支援は、商品のプロモーションにも繋がり、ビジネスに直結するケースもある。

また、「環境」が広報においても重要テーマとなった。環境に対する取り組みが熱心にPRされるようになった。企業がいくら立派な社会貢献活動を行い、いくら環境に配慮した経営や地域住民と共生する経営を行っていても、それが社会に知られていなければ、社会から評価されない。広報部門には企業価値を伝える役割がある。少数かもしれないが、「環境に配慮した商品」を多少価格が高くても購入する消費者も存在するし、投資する人もいる。もっと単純に、「環境にやさしい会社」が「良い会社」とのイメージに繋がり、社会に受け入れやすい持続可能な会社になるのである。

加えて、95年1月に発生した阪神・淡路大震災を契機に危機管理に関心が集まった。そして再び2000年夏以降、食品メーカーの食中毒事件、異物混入などであらためて危機管理が大きな広報テーマとなった。万が一、危機が起こってもダメージを最小限にとどめるダメージコントロールが、「企業価値」

の維持という観点からも広報部門に求められるようになった。

　さらに、証券市場活性化や株主代表訴訟などの動きからIRも企業広報のテーマとしてクローズアップされてきた。また、会計基準の変更やM&A（企業の合併・買収）の増加などによりグループ経営が意識され、グループ広報が関心を持たれている。かつてのCI、CC同様、グループ企業を含めた（あるいはグループ全体の）「コーポレート・ブランド」が注目されるようになった。そして、これからは、広報活動が企業価値向上に貢献していることが社内で正当に理解され、さらに広報部門も「企業価値を高める広報活動」という意識で広報活動を考え直してみることが必要になっているのではないだろうか。

　一橋大学・大学院の伊藤邦雄教授を代表とする有識者が「無形資産」に注目し、広報活動は無形資産に貢献していると認識されるようになってきた。つまり、「コーポレートブランド価値」イコール「無形資産」であり、特にM＆Aの時などの「企業価値」には無形資産が含まれ、それが金額で表されるようになってきたといえる。商品の価値競争だけでなく、企業がどのような経営方針で、どのような人物が経営し、社会とどのような関係を構築してきたか、社会に存在していい会社かといった非財務的要素がより重要となってきたといえる。

　それに加え、1990年代以降、ホームページやイントラネットが普及、さらに2000年代に入ると、SNSが利用されるようになった。2017年現在、グループ広報、インターナルコミュニケーション、SNSの活用、危機管理、グローバル広報、ESG経営を推進する広報に関心が寄せられている。このように、広報部門の業務は雪だるま式に膨らんできた。

　一方、NPO／NGO、消費者は企業に「tell me」（企業活動を説明してください）から「show me」（実際に見せてください）、そして「engage me」（関与させてほしい）へと進化していきている。これに対応して日本企業の社外向け広報活動は「エンゲージ」がキーワードになった。それに加えて、近年は、NPO／NGOだけでなく、社員の会社へのエンゲージも重要と認識されるようになり、社内向け広報も「エンゲージ」がキーワードになってきた。『企業価値向上のための対話』（日本証券アナリスト協会編）によると、エンゲージメントとは「目的を持った対話」だと定義している。双方が話をして有意義だったと思える対話でなければ対話ではない。

第1章　これまでの広報、これからの広報

ケーススタディ：帝人

　では、ここで実際に企業広報がどのように変化してきたかを具体的に見てみよう。帝人の宇佐美吉人広報室長は、次のように述べている。

　「かつての帝人は、化成品事業や医薬医療事業など多岐にわたる事業を展開していながらも、相変わらず「古い体質の繊維会社」というイメージを持たれていた。また、B to Bメーカー故の宿命で社名の認知度が低く、企業としての実像が正確に伝わっていなかった。そこで、私が当時の広報部に着任した1998年以降、等身大の帝人を訴求することを目指し、「情報発信の強化・拡大」「イメージづくり戦略」「メディアリレーション拡充」という3つの課題に意識的に取り組んだ。その結果、メディア露出の増大や株価の上昇、好感度の向上といった形で成果が表れ、この取り組みが帝人広報にとって、ひとつの転換点になったと考えている」。

　そして、等身大の帝人が訴求されたことを受けて、次のステップに移る。

　「2003年には、「テイジングループの認知度向上と正確な理解の促進」「国際市場での存在感の向上」「テイジングループの一体感と求心力の向上」を目的に、"テイジンブランド"の確立を打ち出し、広報・宣伝においても、「コーポレートブランド価値の向上」を目標としたコミュニケーション活動をスタートさせた。私は、この目標達成に向けて広報が担うべきことは、「社会的責任を果たす（情報開示）」「前向きに情報提供する（情報発信）」「ブランド価値低下を防ぐ（リスク・クライシス対応）」の3点であると考え、情報開示とリスク・クライシス対応については広報が担う社会的責任と認識して適切・確実に対応するとともに、情報発信については成果拡大に向けて精力的に取り組んでいる」。（同上）。そして、近年は「One Teijin」というスローガンのもと、本社受付付近にはグループ各社の製品を展示し、グループ会社社員や取引先とのエンゲージメントを高めている。

（『経済広報』2013年1月号）

9

5. 広報が相手にするのは「人間の感情」

経済広報センターでは1980年以来、3年ごとに「企業の広報活動に関する意識実態調査」を実施しているが、例えば、不祥事などを起こした時に企業が行う緊急記者会見の行い方にも進化がみられる。

伝えたいメッセージを正しく伝え、誤解や反発を受けないようにするためのトップ・役員のメディアトレーニングの実施については、第8回（2002年）12.8％、第9回（2005年）20.1％、第10回（2008年）26.2％、第11回（2011年）38.9％、第12回（2014年）45.5％と着実に増えている。つまり、経済広報センターの会員の大企業では、2005年には5社に1社、2008年には4社に1社、2011年には3社に1社、2014年には2社に1社がメディアトレーニングを実施しているといえる。企業の不祥事や事件、東日本大震災への対応など、トップや役員がメディアに出る機会が増え、そうした対応が企業の信頼度、レピュテーション、さらには企業価値の維持・向上（場合によってはダメージコントロールに影響する）させる。緊急時会見は「理屈」や「法律」の世界ではない。いくら理屈的に正しく、合法であっても、社会が許してくれないこともある。各ステークホルダーの感情や関心を意識しながら緊急時コミュニケーションを行わなければならない。企業広報の相手は、目の前にいる新聞記者ではなく、その先にいる読者・視聴者の感情の世界なのである。

6. ステークホルダーとの関係性の緊密化

ここでは、広報の戦後史をステークホルダーとの関係との観点から整理してみたい。

ステークホルダーとは言うまでもなく顧客、従業員、株主、取引先、政府、地域社会などであるが、ステークホルダーにマスコミを入れる専門家と、マスコミを入れない専門家がいる。マスコミは本来、消費者や株主と異なり、直接の利害関係がないのでステークホルダーに入れないという意見がある。

井上邦夫教授（社会情報大学院大学）は、顧客、従業員、株主、取引先など経済的、契約的な利害があるステークホルダーを第一ステークホルダーとし、報道、政府、NPO／NGO、地域コミュニティは第二ステークホルダーと

区別している。

　もし、ステークホルダーにマスコミが入っていたにしても、ダイレクトコミュニケーションが増えてきているため、その存在は相対的に小さくなってきているといえる。関心の異なるステークホルダーにきめ細かく情報を発信するには、マスコミを通してではなく、ホームページ、掲示板など自社メディアを用いる必要がある。

　各ステークホルダーが企業に求める情報が細分化している例として、例えば、ある企業で工場火災が発生したとする。一昔前ならば、火災が発生すると、その事故についてマスコミにレクチャーすれば、それが報道され、社会に伝わった。それでよかった。全てのステークホルダーが、それでもいい、もしくは、それで仕方ないと思っていた。しかし、ステークホルダーごとにきめ細かな情報発信が求められるようになった。

　従業員の家族の関心は、工場内に取り残された身内の従業員が無事かどうか、どこに避難しているか。地域住民の関心は、燃え上がる黒煙に有害な物質が含まれているかどうか、黒くなった洗濯物はどうしたらいいのか、割れた窓ガラスの保障をしてくれるのか、などだろう。一方、取引先の関心は納期に影響があるかないか、株主は業績に影響が出るかどうか、が分からないとイライラするようになった。

　このようにステークホルダーの関心に応じた情報提供が求められるようになった。そして、これが、ソーシャルメディアの登場で可能になった。もちろん広報部門が全てを担うわけではない。「インベスターリレーション」はIR部門が担当し、「エンプロイーリレーション」は総務部門、「コミュニティリレーション」は工場が担当しているかもしれない。そうしたステークホルダーと各部門がコミュニケーションをする際、広報部門はコミュニケーションの専門家として、さらに、統一性を持つために各部門と連携をとる。それに加え、広報部門は一般社会、マスコミをはじめ会社にとって直接のステークホルダーとはいえない人たちとコミュニケーションをする役割がある。広報部門は、時には非利害関係者を対象にし、彼らが会社に関心を持つきっかけをつくったり、誤解を解いたりするのも重要な役割である。直接の利害関係者ではない非利害関係者、換言すれば、潜在的ステークホルダーや利害関係者に影響を与え

るような人たちとの関係性構築も広報部門に求められている。

	60年代 (高度成長期)	70年代 (企業批判期)	80年代 (低成長・リストラ期)	90年代	2000年代	2010年代	将来
広報の中心	商品広報	企業の役割	CI 企業イメージの向上	社会貢献 等身大の広報	透明性 企業ブランド向上	企業価値向上	企業価値向上
キーワード	消費革命	社会的責任 モノから心へ	個性化 多様化	地域環境 フィランソロピー メセナ	コーポレート・ブランド コーポレート・レビュテーション	ESG エンゲージメント	ESG エンゲージメント
主な広報対象	消費者	地域住民	生活者 社員	生活者 社員 海外	ステークホルダーズ	社会全体	社会全体 (より細かく)
重視メディア	マスコミ	マスコミ	マスコミ	マスコミ	マスコミ インターネットなど多様化	マスコミ ソーシャルメディア クロスメディア	PESO (後述) 自社メディア

(出所)『図解で分かる部門の仕事　広報部』を加筆修正

（佐桑　徹）

第2章

企業広報最新事情

■1．財務・非財務情報を統合し企業価値を高める時代に

　企業価値は本来、「財務的要因」と「非財務的要因」を合わせたものから成る。このため財務・非財務情報を総合的に見ることで企業の将来性など企業価値が初めて分かるといえる。こうした背景から、今、世界中の多くの企業が注目しているのが、「統合報告書」である。統合報告書とは、これまで投資家向けに発行してきた財務情報（「アニュアルレポート」「IR報告書」）と非財務情報（「環境報告書」「CSRレポート」「社会貢献活動報告書」など）を一冊にまとめて、企業の持続性を分かりやすく、ストーリー性をもって発信しようとするものである。

　既に、欧州を中心に350社が統合報告書（2011年版）を発行している。有名なところでは、スイスのネスレ、米国のコカ・コーラ、仏のダノン、英国のマーク・アンド・スペンサーなどが発行している。

　欧州では、欧州委員会が2003年に、企業に国際会計基準の導入と年次報告書に事業環境や社会的側面に関して記載することを求めた。アフリカではヨハネスブルグ証券取引所が統合報告書の発行を上場企業に求めるなど世界的に見ても統合報告書が普及し始めている。

　特にリーマンショックで業績が落ち込んだ企業には、短期ではなく中長期的な成長力で判断してほしいとの願いが強く、統合報告が注目を集め始めたという面もあるようだ。

　そんな中、国際統合報告評議会（IIRC）が2010年に設立され、統合報告書の主流化を目指し、情報開示のフレームワークづくりを始めた。2011年9月に統合報告ディスカッションペーパー、2012年7月には統合報告フレームワーク・アウトラインを公表、2013年春には世界の企業100社が参加し統合報告に盛り込む指針の案をまとめ、7月までその草案へのコメントを募集した。日本

13

からも日本公認会計士協会などがコメントを提出した。IIRC は、そうした意見をもとにとりまとめを行っており、12月にはフレームワークの第一版が公表された。

IIRC には、英国のチャールズ皇太子が設立に深く関係していて、欧州では権威のある国際機関。その IIRC がまとめる統合報告のフレームワークも当然ながらそれなりの権威があり、これが世界共通のひな形となるとも見られている。

なぜ、統合報告が必要なのか。有価証券報告書やアニュアルレポート、CSRレポートをバラバラで読んでも企業の将来性も持続可能性も分かりにくい。食品メーカーならば気候変動で農作物が取れなくなれば経営リスクになる。逆に、気温が上昇すれば、ビジネスにプラスになる企業、マイナスになる企業が出てくる。そうした事業環境の変化がどのように企業価値に短期・中期・長期的に影響を与えるか。そのための企業の戦略、ガバナンス、業績見込みを財務面・非財務面を含めてストーリー性をもって読めるようにする必要が出てきた。企業経営には、ビジョン、戦略、リスク、持続可能性を総合的に判断し、企業価値を創造することが求められる時代になった。

既に IIRC のプロジェクトに参加している武田薬品のホームページを開くと、「IIRC が提示する 6 つの基本原則（案）と GRI 第 4 版を参照して情報開示に努めています」とあり、「戦略的焦点と将来志向」「情報の統合性」「ステークホルダー対応性」「重要性と簡潔性」「信頼性と完全性」「一貫性と比較可能性」の 6 項目が掲げられており、具体例として例えば、「情報の統合性」については「事業戦略と CSR 活動の両面について、研究からマーケティングまでのバリューチェーン開示を心掛け、結合性に配慮しています。また、アニュアルレポート中においては、関連情報を示す参照タグを活用し、読者に、当社の戦略をストーリーとしてご理解いただけるような工夫を試みています」と記している。

武田薬品以外に、事実上の統合報告書（名称は、「アニュアルレポート」であっても）を発行している日本企業は、三菱重工業、JFE、リコー、日東電工、TOTO、ANA、オムロン、資生堂、三菱商事、ベネッセ、住友化学、富士ゼロックスなどで2011年に約30社、2012年に約60社が発行していた。

経済広報センターが2014年に実施した「第12回企業の広報活動に関する意

14

識実態調査」（2014年）によると、統合報告書を「発行している」企業が16.5％、「発行していない」が39.8％だった。「発行している」「検討している」を合わせると、約半数の企業が、いずれ発行することになる。

オムロンは、財務情報である『アニュアルレポート』と、非財務情報である『企業の公器性報告書』を発行してきたが、2012年から『統合レポート』を日本語・英語で発行することにした。インタビュー記事など読み手を意識した内容が豊富なのが特徴といえる。

資生堂は、あくまで読者対象は投資家。化粧品業界に詳しくない投資家も増えているため、あらためて会社の基本情報から丁寧に説明する必要が出てきたという。

「統合報告」を作成する部署は、さまざまだ。IR部が所管している企業もあれば、財務・IRや総務、CSRの各部署から担当を出し共同で製作している会社もある。あるいは、コーポレート・コミュニケーション部が製作している企業もある。特に決まったパターンがあるわけではないようだ。

なぜ、「統合報告」がそんなに注目を集めるのか。グローバルに事業を展開する企業にとっては、もし世界中にIIRCの指針が広まれば、それに沿った報告書を作成しなければ、取引先や消費者の信用が得られにくくなるかもしれないとの懸念がある。

IIRCが提示する指針は必ずしも守らなければならないものではなく、あくまでガイドラインであるため、日本企業の中には「欧州発ではなく、日本企業の実情に適した統合報告の指針を日本で独自につくるべきだ」との意見がある一方、「海外の投資家が日本と海外企業を比較できるよう、あまり日本独自の統合報告にしないほうがいい」との意見も根強い。

中には、別の理由を挙げる企業もある。「アニュアルレポート、IRレポートと環境報告書、CSR報告書に重複が多い。コスト削減のためにも一冊にできないかと検討している」企業もあるという。また、副次的な効果として「広報、IR、社会貢献、環境の部門のスタッフが一堂に会して冊子を作る打ち合わせをすることで、縦割りの組織に横串を刺す意義があった」と、社内コミュニケーション上の効果を挙げる企業関係者もいる。

もっとも、日経新聞の次の記事（「大機小機」平成26年6月11日）を見る

と、なぜ統合報告が必要なのか、それどころか企業広報がいかに企業価値創造に貢献しているかが分かる。「日本企業の価値が実態以上に評価されない理由は、高い技術への誇りから作り手側の考えに偏り高機能ばかり主張することにある。技術は語っても、経営にかける想いを語る経営者は少ない。経営者の想いが社会の共感を呼び、企業活動と連動すると企業価値は高まる。聞こえの良いスローガンではなく、創業理念を軸に未来を見据えた企業のコンセプトを、経営者自らが情熱を持って語る。『統合報告』による価値創造とは、このような想いと活動を体系的な言葉で示すことだ。非財務情報を開示しただけの統合報告は価値を生まない。経営者次第で企業価値が左右される時代が来ている。」

さて日本では、2011年から2012年にかけて"統合報告書元年"といわれたが、その後、マスコミが統合報告書を取り上げなくなった。あまり話題にならなくなってしまったが、2017年現在、統合報告書を発行する企業は300社に達している。

このように統合報告書を発行する企業は減ることなく増えている。しかし、急増したとはいえず、そのため、マスコミが取り上げなくなったと思われる。

なぜ急増しないのか。理由は簡単だ。いきなり統合報告書を作成するのは極めて難しい。発行できるのは、既に環境報告書やCSRレポートを発行している企業に限られる。

また、統合報告書をつくる必要に迫られている企業と、そうでない企業がある。

必要に迫られているのは、グローバル展開する企業。海外の投資家が統合報告書を見て判断することがあるからだ。ドメステックな企業は、国際基準に則った統合報告をつくる緊急性が少ないといえる。

統合報告書の数の変化は上述した通りだが、質の変化はどうか。

ある会社の担当者は「当初は、それまでの環境報告書、CSRレポートを単純に合体したようなものだった。このページは環境部。このページは広報部、CSR部が担当と、縦割りだった。しかし、最近は部門を越えた組織横断的なタスクホースチームを設け、ストーリー性を重視した展開になっている」と、内容の充実ぶりを強調する。

また、別の企業の担当者は、「当初は、それまでの各報告書を踏襲して文字

だらけの説明だったが、最新版では、写真を多用してビジュアル化したり、社員をできるだけ多く登場させて業務を紹介したり、重要な数字を大きく見出しにし、その数字の意味を図表で説明する手法を用いたりするようになった」と述べている。統合報告書のクオリティは、着実に進化している。

ところで、一般の人たちは、統合報告書をどのように見ているのか。経済広報センターが2017年の5月から6月に実施したアンケート調査によると、統合報告書のどの部分に興味を持ったかとの問いに対し、「企業理念」との回答が55％と最も多かった。以下、「事業内容」54％、「経営戦略」51％、「経営トップのメッセージ」50％、「中長期経営計画」39％、「人材活用」37％、「環境への取り組み」36％、「財務データ」33％、「会社の歴史」29％の順になっていた。

また、どのような内容であれば、企業への理解が深まるかとの質問には、「専門用語を多用しないで、読みやすい」が70％でトップで、「写真やグラフ、図が多く分かりやすい」（68％）、「レイアウト、デザインなどが見やすい」（54％）といった項目が上位となっていたのに対し、「細かい詳細なデータ」（19％）、「文章量が多く、詳しい内容」（16％）は、求められていないことが分かった。

2. 企業の信頼を高める技術広報

「等身大の姿を見せるのが広報」ともいわれている。これはBtoB企業にとって特に重要だ。BtoBとBtoCの商品を持つ企業があったとする。消費者を対象とするBtoC商品は、当然のことながら、テレビにコマーシャルを流し、新聞・雑誌に広告・広報を打つだろう。このため、その会社のイメージはBtoC商品に偏ってしまう。

一方、BtoB商品は、一般の人たちに知られなくても取引先に知られていれば、ビジネス上は十分。売り上げも利益も上がる。だから、かつてはBtoB企業は、BtoC企業に比べ、あまり広報に熱心でないように思われた。しかし、最近では、むしろ、BtoC企業に比べ世間的に知られていないBtoB企業の方が、とにかく企業名を露出させて、企業名を認知させ、自社の存在意義を理解してもらい、信頼を得る必要があると考えられるようになった。その結

果、後述するように、BtoB企業の中には自社の持つ技術を積極的に広報するようになったところもある。新幹線に乗って気付いたのだが、東海道新幹線には多くのビジネスマンが乗っているためか、電光ニュースに出てくる企業広告は、ほとんどBtoB企業である。技術広報の目的は「企業の信頼、技術への信頼」を増すことであると思う。

単にヒット商品を出しているだけでなく、しっかりとした技術に裏付けされた商品開発をしているということで、商品への信頼に厚みを増すことができ、企業価値を高めることができる。

花王が「広報部として技術広報を始めたのは、1987年である。特に1990年における化粧品「ソフィーナ」では、商品の説明だけでなく、商品の本質である皮膚科学、すなわち皮膚の構造の解説に始まり、健康な皮膚に必要なものは何かを一般の方に分かりやすく説明する同社独特の技術広報を開始した。その後、企業価値の向上を目指して、広報部と研究部門が密に連携することで、特定の商品ではない、幅広い展開が期待される基盤技術の広報を始めた。基盤技術とは、例えば、肌や髪の毛の研究や家庭内のカビや菌の調査研究、脂肪の代謝研究など、商品の基礎を支える技術である。近年は環境への取り組みを伝えるべくLCA（Life Cycle Assessment）の視点で、日用品に含まれる環境技術を分かりやすく伝えるよう努めている」（『経済広報』2014年10月号）。

技術広報を強化した理由には、幾つかのパターンがある。

東レが研究・技術開発に関して戦略的広報を意識し始めたのは、「2002年4月にスタートした経営改革プログラム『プロジェクトNew TORAY21』（NT21）に伴う研究・技術開発の改革に着手したころだ」（『経済広報』2015年1月号）という。

特に、消費者になじみの薄いBtoB企業の場合、前述したように、自社が持つ技術を広報することが重要だ。単に商品開発に優れているだけでなく、基礎技術もきちんと持ち合わせている企業の方が信頼される。そして、近年の特徴として、自社の技術がいかに世の中の役に立っているか、また、多くの人たちが知らないが身の周りにその技術が生かされているか、さらには安心・安全に役立っているかといった切り口の広報・広告が増えてきている。先べんをつけたのは、パソコンの部品をパソコンメーカーに供給しているインテルの「イ

ンテルインサイド」（インテル入っている）だ。取引先であるパソコンメーカーでなく、その先の消費者（B to B to C）や社会（B to B to S）を意識して技術広報・広告を始めた。消費者や社会の信頼を得ることで取引先との関係で優位に立つことができる。技術広報を展開する方法としては、①展示館、②社長会見などで自社の技術に言及する、③プレスリリースや小冊子、④科学部や自社担当記者へのレクチャーなどがある。

　最近、企業の広報関係者の間で、技術・科学広報が話題になることが増えている。やたら難しい言葉を厳密に使い記者会見しても内容が理解されなければ意味がない。コミュニケーションをしていることにならない。分かりやすさが求められる。そのための工夫や人材育成が必要だ。ある企業では、技術リリースを書く際は、「高校生が読んでも理解できる」レベルで分かりやすい内容にするよう心掛けている。そのために、リリース作成や文章の書き方の研修を行っている。また、技術リリースは文章だけでは難解なので、図やグラフなどのビジュアルを重視している。

　新聞社の中には、科学部の記者を、理系ではなく、あえて文系に変えているところもある。そうしないと、読者に分かりにくい記事になってしまうということがあるからだ。説明する相手が理系出身の新聞記者の場合は、例え難しい専門用語を用いても記者は理解してくれるかもしれないが、そうでないケースも考えられるので、広報担当には研究者が用いた専門用語を分かりやすい表現に翻訳する努力が求められよう。

　特にテレビの場合、楽しいマチネタや社会事件の後に、アナウンサーがしゃべれるようにやさしい言葉で説明できないようでは放送されない。急にトーンが変わり難しい内容になると不自然になるからだ。そのため、模型をつくるなどの工夫が努められる。

3. SNS を活用した広報、PESO の時代へ

（1）トリプルメディアから PESO へ

　インターネット広報は1990年代に劇的に変化した。経済広報センターの調査によると、ホームページは、1993年には「既に開設」という企業が36％であった。その後、1996年には、95％の企業が「既に開設」と回答し、「開設を

検討中」を合わせると、ほぼ100％の企業がホームページを開設している。1993年から1996年にかけて急増したといえる。ただし、この時期は、紙媒体の内容をそのままインターネットにのせただけでコミュニケーションの観点で何ら変化があったわけではない。紙媒体である社内報とインターネットという媒体でコンテンツの差別化がなされていなかったといえる。

　また、第11回調査（2011年）以降は広報活動にソーシャルメディアを活用しているかを聞いている。2010年に当センターが行った「企業によるソーシャルメディア広報に関するアンケート調査」によると、ソーシャルメディアを活用した広報活動を実施している企業は24.9％だったが、第11回調査（2011年）でソーシャルメディアを「活用している」と回答したのは33.8％。つまり、2010年から2011年にかけて約4社の1社から約3社の1社へと企業のソーシャルメディアの活用が進んだといえる。そして、第12回調査（2014年）では、48.5％と、約半数の企業がソーシャルメディアを活用するに至っている。

　「数」だけでなく「質」も変化した。ステークホルダーへの情報発信は"一方向"から"双方向"へとコミュニケーションスタイルが変化してきた。きめ細かなステークホルダー、インフルエンサー対応が進んできたことを表している。このころから、ステークホルダーを「engage」するようになったといえる。「ファンづくり」が始まった。そして、さらに進んでいる企業では、ステークホルダーを「パートナー」として意識するようになった。

　具体的には、フェイスブックやツイッターなどを広報活動に活用している企業が増えている。5年前には考えられなかったことだ。50歳以上は紙の媒体を読み、30〜40歳はパソコンを使うのに慣れているが、今の20歳代は、スマホなどのモバイルに慣れ親しんでいるので、パソコンを打つのが苦手のようだ。さらにフェイススブックに慣れている人、ラインの愛用者など細かく分かれている。

　企業が情報発信する時に使用するメディアをこれまではトリプルメディアと呼んでいた。トリプルメディアとは、従来のマスコミなどの「TRADISIONAL」（既存の）メディア、それと「PAID」（広告）メディア、ホームページ等の「OWNED」（自社）メディアだった。それが最近は、「PESO」、つまり、「PAID」（広告）、「EARNED」（パブリシティ）、「SHARED」（ソーシャルメ

ディア）、「OWNED」（自社）と分類されるようになった。

「PRウィーク」のスティーブ・バレット編集長にお話を伺ったところ、「PESO」の4要素を組み合わせた事例として有名なのは、Ｐ＆Ｇの Always という女性向け生理用品のブランドで、思春期を境に自信を失い、自らの可能性を閉じてしまう女性たちに対し、自信を持とうというメッセージを送ったもので、これが優れたストーリーだったため、多くのメディアに取り上げられ、ソーシャルメディアでシェアされ、広告によってさらに周知されたという。（『経済広報』2015年12月号）。メディア・ミックスが重要である。

特に大きな変化は、オウンドメディアによる、直接的な情報発信で「企業をメディア化」し、リーチしたい人たちと、きめ細かい関係性構築が可能となったことだ。また、そうした対応が必要となってきたといえる。ソーシャルメディアを活用した広報に取り組むため外資系企業の中には「インフルエンサー・リレーションズ・アンド・ソーシャルメディア」といった部署を設立する企業もある。将来は「PESO」の中でも、自社メディアが重要となろう。

ソーシャルメディアの発展により、利害関係のない人たち、つまり無関係な人たちがソーシャルメディア上で好き勝手に発言し、炎上することも多くなったことだ。彼らに対応しなければならないケースも増えている。炎上などに備えPRコンサルティング会社や弁護士との連携も必要となってきた。

ソーシャルメディア上での炎上は、言ってみれば、「場外乱闘」である。そうした利害関係のない人たちがソーシャルメディア上でコミュニティーをつくり、企業ブランドや企業価値に影響力を持つようになった。先ほどの工場火災の例でいえば、利害関係のない人たちまでが、ソーシャルメディア上で「あの黒煙が東京に降りそそぐ。危ないらしいぞ」「有害な物質が含まれているらしい」などと勝手につぶやき合い、それをソーシャルメディアを検索している大手マスコミの人たちがそれをきっかけに取材し、大げさになり、企業価値を低めてしまうことになる。

彼らを「インフルエンサー」と呼んでいる。企業価値を高めたり、維持したりするのは、これまでのように利害関係者である「ステークホルダー」やマスコミで活躍する「オピニオンリーダー」ではなく、「インフルエンサー」と呼ばれる人たちなのだ。ソーシャルメディア上の「インフルエンサー」に

は、その分野の専門家と、特に専門家ではないが有名人・タレントといった人たちがいる。企業を勝手に褒め、企業価値を高めるのも彼らであるし、低めるのも彼らである。彼らが「企業人気ランキング」「企業イメージ」を左右し、企業の非財務的評価を決めるのである。

（2）SNS活用の具体例と効果

　フェイスブックを活用する企業が増えている。内容はさまざまだ。

　社員が登場するケースが増えている。電力会社であれば、家庭や工場に安定して電気を送るために、社員がいかに大変な苦労をしながら山奥の電線の保守をしているかを伝えている。どんな顔の社員が、いかに真面目に仕事に取り組んでいるか。どのような思いで仕事に励んでいるかを知らせるようとしている。こうした情報発信をすることで、電力会社に親しみを持ってもらおうとしているのかもしれない。

　また、航空会社ならば、乗客に普段馴染みがない機体整備の社員がどのように安心・安全対策に取り組んでいるかを本人の言葉で発信したり、世界各地で働く社員が働く様子をレポートしたりしている。

　動画も活用している。航空会社の中には操縦室から見た、離陸から着陸までの早送りの映像をアップしているところもある。

　このようにコーポレート広報の手段でフェイスブックを使う企業も増えているが、その一方で、広告・宣伝ツールとして活用している企業も多い。

　鉄道会社は沿線の観光地などの魅力を伝えようとしている。メーカーの多くは、新商品や商品開発の裏話などを紹介している。

　担当者は、同業他社のフェイスブックに比べ、「いいね」の数を、かなり気にしている。各社とも、どれだけ読まれているかを「いいね」の数で効果測定している。このため、本来は社外に向けて発信しているはずなのに、同業他社に負けないようにと、社員が懸命に「いいね」ボタンを押すよう働きかけている。

　ある会社の広報関係者は「社内報やイントラネットを見ない社員が増えているので、フェイスブックが、思わぬ社内広報ツールになっている」と打ち明ける。

米国では最近、社員が普段見ているメディアを使って社員に見てもらおうとの考え方が一般的になってきている。今日の大学生は、パソコンも古いと思っている。もはや指先を器用に動かすモバイル世代だ。

新聞やテレビに加え、フェイスブック、ツイッター、ライン、モバイルといった SNS に、社員が見ることを前提に、情報を発信している。社外の人たちも見るメディアを活用して、実は情報を届けたい中心のターゲットは、社員であるのだ。こうしたやり方を、"ミラー効果"、または"ブーメラン効果"という。

社内報に書いてあるよりも、新聞やテレビで見れば、客観的情報だと信用する。また、自分の会社が取り上げられていると、それだけで自分が勤める会社が世の中の注目を集めていると思い、自社に対する誇りにもなるだろう。

今の時代に重要なのは、フランクで分かりやすい情報。堅苦しい公式発表の情報は読まれない。

経済広報センターのモニター会員（一般の人たち、「社会広聴会員」）に2017 年 5 〜 6 月に、ソーシャルメディアを活用している企業への印象を聞いたところ、「時代に敏感」56％、「若い世代を意識している」48％、「マーケティングに熱心」43％、「消費者・顧客志向」32％、「先進的」26％となっていた。

また、ソーシャルメディア利用後の変化については、「企業の商品・サービスを利用するきっかけになった」（64％）、「企業に対する興味・関心・理解が高まった」（55％）が上位を占めた。一方、「信頼が高まった」（17％）、「変化はなかった」（17％）、は多くはなかった。

（3）ソーシャル CEO

最近、ソーシャル CEO という言葉を広報関係者から聞くようになり始めた。普及させようとしているのは、PR 会社。グローバルに PR コンサルティング業務を展開しているウェバー・シャンドウィック社によると、ソーシャル CEO とは、「企業サイトで CEO のメッセージ、写真、動画を掲載」「ユーチューブのチャンネルに CEO の動画を投稿」「CEO のソーシャルメディアのアカウント、プロフィールを保有」「CEO が自らのブログを執筆」のうち、一つ以上で

情報発信しているトップを指すという。

同社のチーフ・レピュテーション・ストラテジストは、「以前はCEOがソーシャルメディア等のオンラインの情報発信活動に積極的であることはリスクを伴うと考えられてきたが、現在では、複数のオンライン・プラットホームを使い、CEOのオンライン・エンゲージメント（オンライン上のオーディアンスとのかかわり・つながり）を拡大することが、今日の企業リーダーのレピュテーション構築に意味があるといえる。オンライン・エンゲージメントを取り入れるCEOは、広範なステークホルダー（顧客、株主、社員、一般消費者など）に自社のストーリーを構築するチャンスを手にしている」と、その重要性を語る。

肝心の調査であるが、同社は、フォーチュン誌の2014年「フォーチュン・グローバル500」の上位50社のCEO（米国17人、欧州19人、アジア太平洋11人、中南米3人）を対象に調査した。その結果、前述したようなソーシャルCEOは、アジアが55％、米国94％、欧州84％。欧米に比べ、アジアの数字は低かった。

なぜか。同社は「アジアでは、伝統と文化を重んじる保守的なCEOが多いため、CEOがオンラインでの情報発信を躊躇する傾向にある」としているが、アジア、とりわけ日本を見ても、仕組みをつくっても、CEOが自分の言葉で、どれだけ発信できるかがポイントとなる。

▌4．グループ企業の価値の相乗効果を高めるグループ広報戦略

最近、ホールディングス制を採用する企業が増えている。そして、ホールディングスにも広報部門を置く。ホールディングの広報部門は、ホールディングスとしての経営方針・姿勢を各社に浸透させ、グループ企業全体の価値の向上と各グループ企業の企業価値向上を目指す。また、社風や業種が異なる会社が統合した場合は、ホールディングスとしての意識を向上させ、統一した文化を構築する必要がある。難しいのは、例えば、統合したのが5社であっても、その傘下にそれぞれ50の事業会社があれば、そうした傘下企業にもホールディングスの経営方針、考え方を伝え、浸透させなければならない。各企業の広報活動とホールディングスの広報活動がどのように連携し相乗効果を引き出し企

業価値を高めるのか。多くの企業では、中心となる企業の広報部長がホールディングスの広報部長を兼務しているが、実際の業務は①ホールディングス傘下の企業の業種が中核企業と近いのか、あるいは全く別で多種多様なのか、②各社の広報部門の充実度、③企業規模やマスコミ・社会の注目度、などによって異なるのは言うまでもない。

経済広報センターが実施した「第12回企業の広報活動に関する意識実態調査」（2014年実施）の「グループ広報」に関する項目では、65.8％の企業がグループ広報を実施していると回答している。つまり、どのような形かは別にして、「グループ広報」を半数以上の大企業が展開している。そのうち、「国内、海外、統一的に実施している」企業は22.5％、「国内、海外、それぞれで実施している」企業は13.9％、「国内でのみ実施している」企業は29.4％だった。

グループ広報の主導組織を聞いたところ、国内グループ会社は「グループの中心となる事業会社」（72.4％）で、多くは事業会社でグループ広報を行っていることがわかる。「ホールディングス（持株会社）」（17.1％）、海外グループ会社については、「グループの中心となる事業会社」（63.1％）に続いて「地域ごとに主導する組織」（13.1％）、「ホールディングス（持株会社）」（10.7％）だった。

グループ広報としての企業の具体的な取り組みは、「グループ内広報誌の発行」（国内グループ会社57.2％、海外グループ会社48.8％）、「ウェブサイト、ロゴ、名刺などのビジュアル・アイデンティティーの統一」（国内52.6％、海外60.7％）、「グループ経営理念や社員の行動規範等の浸透施策の実施」（国内49.3％、海外54.8％）が上位3項目である。

グループ広報の組織・体制は各社各様だ。

中核企業がグループ広報を行う場合、中核企業の「広報部」が行うケースもあれば、名称を「グループ広報部」とし、グループ広報を行うとの意志を表明しているかのようなケースもある。ある企業では、グループ各社のプレスリリースやメディア対応を事前承認したり、表記やテンプレートの使い方、グループとしての情報発信の整合性、他部門・グループ内他社との連携した視点で各社のリリースをチェックしたり、メディア対応の注意点などのアドバイスをしたりしている。

グループ広報を、広報対応が必要な限定したグループ企業を対象に実施しているところもあれば、連結子会社を中心にグループ広報を展開しているケースもある。中には、グループ会社がプレスリリースする際のガイドラインを設けており、グループ各社がプレスリリースする際には、中核企業広報部の事前承認を得る仕組みになっているところもあれば、各社の対応を尊重し、ホールディングスの広報は情報交換や危機管理などの研修にとどまっているところもある。また、グループ全体の公式フェイスブックを運営しているケースもある。グループ全体から幅広く情報を収集する仕組みを構築しており、投稿にはグループ社員も多く登場し、グループ一丸となった情報発信に取り組んでいるケースもある。

　報道対応が多い主要会社は各社で広報を行い、主要会社以外のグループ会社の広報活動をホールディングスの広報部が行っているケースもあれば、逆に、ホールディングス内に主要企業の広報部門を置く体制をとっているところもある。この場合、主要企業には広報部門がなく、ホールディングスの広報部門が一元的に対応している。広報対応が多い会社の広報をホールディングスの広報部門が行うのは、情報発信元が分散しないようにするのが目的だという。

　ホールディングス内の事業会社の各部門に横串を刺すのを目的としているところもある。あるホールディングスでは、各社の本社オフィスを一ヵ所に集約したのを機に、広報・IRのほか、総務、購買、知財、人事などの共通部門を事業会社の垣根を超えて同じフロアに配置し、ホールディングスグループとしての一体感を高めている。

　中には、ホールディングスの広報部員が各地域・各事業会社の広報部門に席を置くというパターンをとっているケースもあった。

　ホールディングスと企業の広報部門の棲み分けだが、事業会社の広報部門がメディアリレーションや消費者対応を行う一方、ホールディングスの広報は、IR、広報、CSR、グループ報制作を行っている。事業会社のメディアリレーションは製品広報が中心だが、重要度に応じて、経営戦略に関わる案件などはホールディングスが関与しているケースもある。グループによっては、各社がプレスリリースを発信する際には、必ずホールディングスの広報部門の確認を取るところもある。

グループ広報会議を開催しているグループは多い。頻度は月に一度から二ヵ月に一度、半年に一度、年に一度などさまざまだ。会議で話される内容は、「広報スキルアップ」、「年度の広報基本計画」、「広報担当者間の情報共有」、「緊急時のメディア対応」、「メディアからの問い合わせ内容」、「メディアへのアプローチの成功事例」、「メディアが興味を示しそうなグループ会社の関連情報の共有」、「イベントの発信方法」、「グループ会社の広報の悩みの相談」、「グループとしての方向合わせ」、「会議後に毎回懇親会を設け広報担当者同士の人間関係づくり」「各社の名刺、ロゴやカラーをグループとして統一」などだ。ホールディングスの関与が強いほど頻ぱんに会議を開いている

グループ内のコミュニケーションは、グループ報とイントラネット、トップと社員のダイレクト・コミュニケーションが中心である。グループに周知したい情報は基本的にはグループ報、タイムリーな情報発信はイントラネットで行っているケースが多いようだ。

内容としては、グループ報では、「各社の文化や社員同士の融和」、「グループ全体の方針経営課題の説明」、「グループとしての一体感の醸成」、「連結決算」「経営改革」、「各社の現場の成功事例」、「各社が取り組んでいるプロジェクト」などが挙げられる。

イントラネットでは、「トップのメッセージ」、「各社発表のプレスリリース」、「グループ報の要約」などが挙げられる。

ウェブの閲覧率を高めるために、社員がスマートフォンからアクセスできるようにしているところもある。

グループとして危機管理に取り組むところも多い。「グループ会社で不祥事が発生した場合、その企業のリスク管理部門と中核企業の広報部門が連携する体制をとっている」ケースや、「基本的には各社が自社の問題には対応し、ホールディングスとしての対応が必要な場合のみホールディングスの広報部門が対応する」ケース、「グループ会社の危機事象がデータベースを通じて共有され、そこには関連部署のコメントが入力されていて、マスコミからの問い合わせにはグループ広報部が対応している」ケース、「各社の広報担当者向けに危機管理講習会やメディアトレーニングを開催」、中には「グループ各社の役員を集めて危機管理セミナーを開催している」ところもある。「グループ企業

に広報部門がある企業は各社で対応するが、広報部門がない企業の場合、中核企業が対応している」というケースもある。

このほか、グループ企業の業種が異なる場合、ホールディングス広報部は、「我がグループのミッション、グループ理念、ブランドスローガン、創業精神、グループのコーポレートブランド」を再確認したり、構築する必要がある。グループ社員の求心力を高めるとともに、グループの存在感を社会に示す活動、例えば、ホールディングスとして規模の大きな社会貢献活動やCSR活動が挙げられる。

5. グローバル事業に貢献するグローバル広報戦略

（1）増加傾向にある広報の現地対応

企業活動がグローバル化するのに伴い、グルーバルな広報対応が一層、重要となる。グローバル広報の最終目的は、グローバル市場における企業の認知度、好感度を高め、企業価値を高めることである。売り上げの多くを海外で上げていたり、外国人株主の比率が高い企業ならば、なおさらである。海外のマスコミ、顧客、社員、株主・投資家の満足度を高めるために、本社の広報部門がどこまで対応・判断し、どこまで仕切るのか。また、どこから海外現地の広報部門に任せるのかは企業によって異なるだろう。

ただ、経済広報センターが実施した「第12回企業の広報活動に関する意識実態調査」によると、大きな傾向が読み取れる。メディア対応などで「現地広報が対応し、本社広報へ連絡が入る体制」は32.6％で最も多くなっている。また、「現地広報がすべて対応する」は16.3％。現地広報が主導している企業が約半数である。一方、「本社広報の指示によって、現地広報が対応する」は13.2％。2008年の18.3％に比べ減少している。「本社広報で一括対応している」との回答は17.8％だった。事情をよく知る現地の広報部門に、権限が委譲される傾向にある。現地メディアの関心も、現地での営業に関する内容が多く、本社をはじめグローバル事業そのものに関する取材は少ないのが実態であり、いちいち本社にお伺いを立てていたのでは時間がかかる。このため、現地でスピード感をもって対応することは必要である。しかし、現地のトップには、営業、販売や総務経験者が多く、広報経験者が少ないのが実態である。また、地

域によっては、兼務の広報担当者1名しかいないという手薄なところもあるだろう。一方、国・地域によって会社の認知度や事業内容に違いがあるので、広報すべき内容も大きく異なるだろう。会社名を売り出すことが目的の国・地域ではコーポレート広報が中心になるだろうし、商品広報が中心となる国・地域もあるだろう。このため、本社の海外関連部門や広報部門と連携しながら、現地広報を展開する必要がある。現地の広報担当者の経験、力量によって本社の行うアドバイスや協力の仕方も異なってくるだろう。

（2）グローバル広報、本社と現地の役割分担

では、本社と現地でどのような棲み分けをしているのか。

本社の広報部門が各国のグローバル広報担当者と連絡を取り合うことは当然のことだが、年に何回か、各国の広報担当者を本社に集め、グローバル広報担当者会議のようなものを開催している企業もある。その際、現地採用した広報担当者に、日本国内の工場などの施設を視察してもらい、会社の理解促進を図るのも有効だろう。北米、欧州、アジア、あるいは、その企業の海外進出に合わせて中国、南米などに、その地域の支店・現地法人の広報を統括する拠点を設け、その拠点の広報責任者がテレビ電話会議などで打ち合わせをする「3極会議」（4、5、6極の場合もある）を定期的に開いている企業もある。この場合重要なのは、各国の知恵とアイデアをうまく引き出すことである。このほか、本社広報の役割としては、世界的規模で実施する「グローバルキャンペーン」を企画したり、世界各国共通で発信すべき最低限の情報を定めたり、グローバル広報を実施するための統一したルール、ガイドラインを決めたりすることがある。ルール、ガイドラインの内容は、①必ず本社に事前確認すべき事項といったプロセスに関すること、②言い回しや、どこまで公開していいかというコンテンツに関することなどがある。

また、本社広報が行っている実務としては、各国に共通する基礎的な情報を英語、これに加えて場合によっては中国語などで国内外に向けてウェブなどで発信することがある。本社から英語による情報発信は行っているが、ほかの言葉による発信が課題だとする企業は多いようだ。アニュアルレポート、CSR報告書に関しては、現地の事業規模が大きい場合、現地でそうしたレポートや

報告書を発行しているケースもあるようだが、本社が英語で作成し、各国で配布している場合のほうが多いようだ。日本に駐在する外国報道機関への情報提供も本社広報の役割だろう。

　一方、現地では、地域の事情に合わせた、キメの細かい日々の広報活動（ウェブの運営、出版物の発行、フェイス・ツウ・フェイス・コミュニケーション、マスコミ対応）を行っている。こうした活動を行う上での判断の権限が現地に委譲される傾向にあるということだろう。

（3）高コンテクストと低コンテクスト

　エデルマン・ジャパンのロス・ローブリー社長は「日本は、社会の均一性が強く、暗黙知の共有を前提とした高コンテクスト社会であり、文脈に多くの意味を持たせるが、海外では通用しない」と語る。例えば、日本では百年の歴史というと、老舗のイメージになるが、海外では、単に古臭いなどマイナスのイメージを与えてしまうこともあるという。こうした違いを理解した上での情報発信が求められている。

　また、日本のリリースは、事実をただ述べているものが多いが、海外で発信されるリリースは、強い主張が含まれ、ストーリー性に優れたものが多くみられるという。

　こうした違いを経営トップに理解してもらい、そのうえで、自社のグローバル展開の事情、予算、人員、グローバル化の目的に合わせて、自社に合ったグローバル広報を検討・推進していく必要があると思われる。

■ 6. グローバル広報人材の育成

　経団連が2011年6月に発表した「グローバル人材の育成に向けた提言」によると、日々、変化するグローバル・ビジネスの現場で、さまざまな障害を乗り越え、臨機応変に対応する必要性から「既成概念に捉われず、チャレンジ精神を持ち続ける」姿勢、さらに、多様な文化・社会的背景を持つ従業員や同僚、顧客、取引先などと意思の疎通が図れる「外国語によるコミュニケーション能力」や、「海外との文化、価値観の差に興味・関心を持ち柔軟に対応する」ことが求められているという。ダイキン工業の井上礼之会長は、その著『世

界で勝てるヒト、モノづくり』（日経ビジネス刊）で、経営のグローバル化を進める上で、「遠心力」と「求心力」のバランスが大事だと述べている。「遠心力とは、各国の市場に徹底的に入り込み、地域に密着したビジネスを強力に進める現地経営のことです。一方、求心力とは本社やトップの意向を踏まえつつ、全体最適から現地のビジネスの方向性を軌道修正する経営管理を指します」という。

　グローバル化時代に求められる企業広報パーソンの資質は、基本的には日本国内の企業広報に求められる資質と大きく変わらないが、それに加え、①ベースとなる語学力、②コミュニケーション能力（対メディア、対現地スタッフ）、③異文化に対する理解力（国・地域ごとに異なるメディア特性や取材体制を理解して、ターゲットに応じた情報を発信すること）、④世界情勢に対する感度、などが求められているといえる。

　ただ、海外で事業展開を円滑に行うためには、現地の広報担当者だけでなく、現地の責任者が単にビジネス上の商慣行だけでなく芸術、文化を含め広く異文化に対する理解を深めておくことが、平時ならびに緊急時のコミュニケーションにおいて重要である。特に緊急時においては、日本と常識が異なり、言葉の使い方ひとつで致命的な誤解が生じてしまうこともある。

　では、どのようにグローバル広報人材を育成すればいいのか。

　前出の「グローバル人材の育成に向けた提言」によると、「社員の入社後、外国語研修や、異文化・社会に対する理解力を高めるための研修機会を提供するとともに、肌感覚で、海外経験をさせることが望ましい」と指摘している。

　では、社内で、どのように、グローバル人材を育成していけばいいのか。既に管理職になっている者に対しては、外国人を部下に持ち、共に議論するなどして、摩擦を経ながら異文化を体験し、ひとつのミッションを遂行するのが必要かもしれない。ある企業関係者から「いくら部下に外国人がいても、いるだけでは意味がない。どのように活用するか戸惑っているケースもある」との話を聞いた。また、企業や業種により事情は異なるかもしれないが、一般論として、海外経験者が管理職や役員になれば、その時の経験を生かし、グローバルな観点に立った判断ができる。また、グローバル広報推進のためには、そうしたグローバルな経験を持つ社員を広報部門に配属させることが必要であろ

う。ただし、外国の現地事情に通じているだけでは十分でない。必要なのは、海外事情と日本の本社と双方を知っている"架け橋"となれる人材だ。そうでないと、せっかく海外から上がってきた貴重な提案や意見が生かされなくなってしまう。

　国民感情を刺激する発言や広告で、不買運動に繋がるケースも起きている。コミュニケーション不足や誤解から労働争議になることもある。グローバルな社内外広報は重要で、企業業績・評判など、企業価値に大きく影響する。

（佐桑　徹）

第3章
広報担当が一年以内に習得すべき広報スキル

■1. 広報部長・担当者に求められる基本的な心構え・資質

　新しく広報に配属された時に広報部長や広報担当者が心掛けなければならないことは何か。目指すべき広報部長・広報担当者像とは。求められる心構え・資質とは。どのような人材が求められるのか。

　社内や各ステークホルダーとのツーウェイコミュニケーションを円滑に行い、企業イメージ、企業ブランドを高め企業価値を伝えたり向上させたりするには、次のような「広報マインド」「心構え」が、まず最低限、必要ではないか（佐桑徹編著『図解でわかる部門の仕事「広報部」』より引用）。

　まずは広報担当役員であれ、広報部長、課長、担当者であれ共通する「心構え」。

■広報マインド5カ条

- ・企業は社会の一員であり、自分が接するお客さま、取引先、地域社会などとの関係作りの大切さを正しく認識すること
- ・自分の仕事ぶりや言動から企業全体が評価され、会社のイメージを左右することになることを自覚すること
- ・企業人である前に、良識のある社会人であること
- ・トップの方針や企業理念、会社の動向を常に把握し、社外に発信すべきことを認識していること
- ・自分の仕事はもとより、企業活動に対する意見・要望に謙虚に耳を傾ける姿勢をもつこと

　次に、管理職に求められること。

■広報部長の心構え

- 社長の"情報参謀"（企業戦略を情報面からサポート）
- 情報を扱うセンス
- 論理的思考
- 謙虚であること
- 企画力
- コスト意識
- オープンマインド（柔軟性、人と話すのが好き）

広報部門の担当レベルに求められること。

■広報部員の心構え

誠実な人柄でありながら個性を持つ、その上で
- 頼まれたことは素早く確実に実行
- うそをつかない
- 相手の話しをよく聞く
- 言うべきことはわかりやすく
- 清潔な身だしなみ

■広報部員の中でも特に若手広報部員の心構え

担当者の中でも、特に若い部員に求められること。
- 自分の印象が会社のイメージになるため、愛嬌や笑顔も必要
- 名前を覚えてもらうためご用聞きも重要
- 言うべきことは言うが、言ってはいけないことは言わない
- 分かりやすく、誤解されない説明能力（分かりやすい文章が書ける。内容を一言で言える。図を用いて簡略化できる）

2. 「ストーリーテラー」になれるか

　広報パーソンは、経営トップと密接でなければならないが、トップに迎合し、プラス情報ばかり上げていてはいけない。「与党内野党」のような存在を目指すべきだといわれるが、「どこから給料をもらっているのか」と社内から批判されてしまいがちだ。社会に対する高感度アンテナとなり、社会の風を社内や経営に送り込むことは広報部門の重要な業務といえる。こういう心意気が広報パーソンには求められる。

　つまり、広報担当に求められる資質とは、「事実を社会化する能力と意欲」あるいは「社会に流れる文脈を踏まえて事実を語る能力と意欲」である。社会やメディアの視点で情報の価値を判断できる"情報の目利き"になることが重要である。最近は広報パーソンはストーリーテラーになれ、といわれる。情報を「点」として発信するだけでなく「線」で発信するということである。新商品の開発にしても、開発者の苦労、従来商品といかに違うか、社会的意義、この開発が今後どのようなことを可能にするか、ビジネスモデルをいかに変えたかなど、多くの観点から語ることができる。こうしたコンテンツづくりには他部門との連携が必要なことは言うまでもない。

　さらに、近年は広報パーソンだけでなく社員が「ストーリーテラー」となり、いかに多くの社外の人たちにストーリーを共有（シェア）してもらえるかというストーリーシェアリングが注目されている。自社だけでなく業界動向も自分の言葉で語れる広報パーソンになることが理想だ。広報パーソンとして自分自身をパーソナル・ブランド化できれば大成功である。「Ａ社の広報といえば、Ｂ氏、業界の広報といえばＢ氏」、それがマスコミや他社部門とのネットワークを築き、会社にプラスになる。

　従って、広報担当者はこれを獲得するために、「今どんな変化が社会で起こっているのか」「どんな議論がなされているのか」「それはどういう背景なのか」といったことに敏感であるとともに、一定の知識を持たなくてはならない。自分の興味関心に入ることはもちろん、入らないことも、仕事として吸収する姿勢が必要である。

　社外との交流も、インプットされる情報の幅を広げるのに有効であり、そこ

で得た知識が広報マインドを向上させてくれる。

　企業によって異なるが、広報部門に一度配属されると長い会社と、２、３年でローテーションで代わっていく会社がある。長いことのメリットは、マスコミなどとの人脈を形成しやすいことである。一方、デメリットは、"広報一筋"でいると他部門を経験していないため、現場が分からなくなる懸念があることである。そこで、広報の立場からすると、理想的なのは、若いころに一度、広報、その後、幾つかの他部署を経験し、再び管理職として広報に戻ってくるという人事ローテーションである。

　このようなローテーションを採っている企業を見ると、広報を重視し、戦略的に広報人材を育成していると感じる。また、広報に情熱を持つ社員も最近、増えているように思えるので、そうした広報にやる気を持つ人材を社内公募で募ることを考えてもよいだろう。この２つのパターンの部員を一定の人数ずつ部内に持つのが好ましい。

▌3. 広報担当者に必要な文章力

　最近、何冊か「文章の書き方」に関する本が出版されている。ここでは、ベテランコピーライターの宮澤節夫氏の著書『伝わる言葉に"文章力"はいらない』を取り上げたい。

　著者は次の文章を悪文だと指摘する。

　「社員各位　ご存知のように、最近、得意先との間で情報ミスのトラブルが何件か発生しています。このままでは大切な顧客を失うことになります。社員全員が、情報ミスを起こさないよう心掛けることが重要です」。

　この文章のどこが悪いのだろうか。著者に言わせると、「情報ミスの深刻さを知ってもらう」のが目的ならば、「社員各位　最近、得意先との間で情報ミスによるトラブルが何件か発生し、いまや会社全体の信用が崩れはじめています。１つのミスでも、ひいては重要な顧客を失うことになりかねません。１人ひとりの強い自覚が求められます」と書くべき。「関心を高めてもらう」のが目的ならば、「あなたの今日の仕事に情報のミスはありませんか」との書き出しで始める。「行動を起こそうと思ってもらう」のが目的ならば、「ミスをゼロにするために何をすべきか考えて、実行してください」との文言を入れる、

といった具合だ。このように、書き手の意図が伝わる文章を書く視点を広報部門が意識しなければ、社員の「行動変容」につながらない。

プレスリリースであれば、新聞記者に記事を書こうと思わせる文章でないといけない、社内報であれば、社員を行動変容させる文章でないといけない。広報部員は、社内報、ホームページなど文章を書く機会が多い。文章に敏感になり、「誰に何をしてほしいから文章を書いているのか」を意識してほしいと思う。

4. 日本企業の広報人材育成の課題

近年、広報部長が、いきなり他社の広報部長に転職するケースが見受けられる。

日本でも米国のように広報職が専門職として評価されるようになってきたということか。こつこつと時間をかけて広報人材を育成する苦労をするよりも優れた広報人材を調達してきたほうが手っ取り早いということか。それとも、広報人材の需要増に対し、供給が追いつかないということなのか。

理由はともあれ広報部長の転職が増えてきた。

米国では、これは決して珍しいことではない。企業の広報部門どころか、PR コンサルタント、大学教授、NPO の広報人材が、行ったり来たりしている。

企業の広報部長が大学の先生になったかと思うと、コンサルタントになったり。日本でも長年、PR 会社や企業の広報部門を経験した人が大学で教えるケースが増えているが、日本の場合は現役を卒業した方が大学に行くというケースがほとんどで、米国のように現役の方々が次々と異動しているのとは全く異なる。

米国では、例えば、ボストン大学で、コミュニケーションやジャーナリズム、パブリックリレーションズの基礎を学んだ人たちが、いわば専門職として採用される。このため、広報、コミュニケーション、ジャーナリズムの専門家として会社を渡り歩いている。

これに対し、日本では広報もジャーナリズムも入社してから、OJT（オン・ザ・ジョブ・トレーニング）で、その会社の色に染まっていく。

学生が、もし商社や金融機関の入社面接を受け、志望動機を「広報部門に行きたい」と述べても、全くアピール・ポイントにはならないだろう。

たまたま広報部門に異動になり、前任の残したマニュアルにならい、マスコミ対応や社内報の作成を引き継いでいることが多い。

　マスコミも同様で、私が学生時代、マスコミの入社試験を受けるならば、四文字熟語を覚えなければならないといわれていた。会社に入ってから、現場で、OJT で、記事の書き方や写真の取り方、現像の仕方を覚えていた。

　ただ、問題は、OJT だけでは学べないものもあるということである。

（佐桑　徹）

第4章
広報における
経営者の役割、社員の役割

1．企業価値を体現する経営者の情報発信

（1）トップに求められる広報意識とは

　広報部長がいくら立派なスポークスパーソンであっても、経営トップに勝る広報パーソンはいない。トップの発言こそが、会社のメッセージそのものである。

　トップは、社会に向けては「企業の顔」として、企業理念やビジョンを自らの言葉で、相手の心にメッセージをきちんと届けられるような魅力あるコミュニケーション能力を有していることが望まれる。また、危機管理力・対応力に加え、緊急時の社会とのコミュニケーション能力も求められる。不祥事の説明や「企業再建」など逆境である時こそ、力強いトップのプレゼンテーションが期待される。

　さらに社外にとどまらず社内に対しても、社員やグループ社員に直接語り掛けるなどして、全社員に会社の目標や理念を理解させて、ベクトルを合わせ、そしてモチベーションを向上させ、企業を活性化させ、さらには、コンプライアンスを徹底させることが重要である。

　トップが発言する意義は大きい。トップの気持ちは表情、態度からも伝わる。コミュニケーション・コンサルタントの川村秀樹氏は言う。

　「社長のスピーチは『聴衆を動かす』という目的を持ちます。社員に話をするのであれば『士気を高める』、投資家に対しては『「経営に対する信頼を深める』、消費者には『商品・サービスへの関心を盛り上げる』といったことが目的になります。スピーチの構造、選択する言葉、そして、実際にスピーチをする場合の雰囲気（非言語表現）といった要素は、すべて、この目的を果たすように配慮します」（『経済広報』2010年9月号）。川村氏はまた、「経営者は夢を語れ」とも述べている。それがトップが有する価値、平たく言えば、

トップの言葉の重みといえるだろう。

　トップは執務時間の一定割合を広報や社内外とのコミュニケーションに充てるべきであると言われて久しい。社長が執務時間の30％を社内外コミュニケーションに充てている企業もある。また、広報部門が社長の執務時間の５％を時間枠として確保しているという会社もある。

　広報がトップに同行し、その様子やメッセージを記録し、社内外に動画で発信している企業もある。トップの表情や発言は、それだけでインパクトを与える。トップ広報の成果を測定するとしたら、トップの思いをどれだけ社会や社員が共有でき、行動するか、であろう。社員が、その思いを胸に働けば、社外で、企業イメージ、ブランドが向上する。その会社らしさが社会に伝われば、成功といえるだろう。

（2）トップ広報のキーワード
①同じことをシンプルに繰り返し伝える

　トップにはどのような広報・コミュニケーション活動が求められるのだろうか。『経済広報』でインタビューした際の記事を抜粋する。（肩書きは、いずれも掲載当時のものである）

　「カルビーのトップは従業員とのリアルコミュニケーションに真剣に取り組んでいる。そのひとつが、経営陣によるタウンホール・ミーティングだ。基本的に年２回、"夏の陣"、"冬の陣" と銘打って全国23カ所ほどの拠点を回っている。ミーティングでは最初に、会長・社長のトップ２人からのメッセージを全従業員に直接伝える。その後、質疑応答と懇親会を行っている。ほぼ全ての従業員がトップと年２回、直接コミュニケーションを取っている」

　また、「挙手制で参加できる「松塾」という取り組みも2010年より行っている。これは毎月１回、土曜日に主要拠点を塾長２名が巡回して、朝10時から夜７時まで一日をかけて開催されている。午前中に松本晃CEOと創業家・元社長松尾雅彦相談役による講義が行われ、午後からはワールドカフェスタイルで、メンバーを代えながら７～８人程度での対話を繰り返すという。松本CEOらも各テーブルに割り振られ、従業員の輪に入る。この「塾」では単に何かを教えるのではなく、「学ぶことの大切さに気付いてもらう」ことをモッ

トーにしている」という。

また、同社の経営陣が意識していることは「同じことをシンプルに繰り返し伝えること」であるという。繰り返すことで社内の理解が深まり、社員へも浸透していく。社員に語っていることと社外に発信していることが一致していれば、社員からの信頼もさらに高まり、モチベーションの向上にも繋がる。（『経済広報2014年12月号』）

②企業理念の実現方法を社員に投げ掛ける

本田技研工業の福井威夫取締役相談役（前 代表取締役社長）は、『経済広報』（2009年12月号）で社内コミュニケーションの重要性について、「昔、まだ会社が小さかった頃は、『三現主義』（『現場』『現物』『現実』）といっても、本田宗一郎があっちこっちに行って怒鳴っていれば、社内のコミュニケーションは図れたわけです。ところが、これだけ規模が大きくなると、もう昔みたいにはできない。ですから、今のホンダのスケールに合った新しい『三現主義』にはどういう方法があるのかと、社内に投げかけています」と語る。

三菱商事の垣内威彦社長も、「グループ内では、経営の方向性についてしっかりとした共通認識を持つことが非常に重要です。「三綱領」（所期奉公、処事光明、立業貿易）の精神のさらなる浸透や、「中期経営戦略2018」の考え方も丁寧に説明しています」と語っている。（『経済広報』2017年1月号）

③企業活性化のために何をすべきかを若手・管理職向けに分けて発信

ヤマトホールディングス（株）の木川眞代表取締役社長は、トップとして何を意識して発信されているか、との質問に、「社員のモチベーションをいかに高めるかが企業の活性化に最も大事なことだと思っています。もちろん、それ以前にお客さま、株主といったステークホルダーが大切なのは当然ですが、企業の活性化のために社員はどう行動すべきか、ということをいろいろな言葉で伝えてきました」と話す。

木川氏は、若手社員と管理職に分けてコンテンツを変えている。若い社員に対しては「若いうちに失敗を恐れずにどんどんチャレンジしなさい」とのメッセージを伝え、一方、管理職層に対しては、「現場に与えられた権限を思い

切って使いなさいと言っています。我々の会社では権限体系が、かなり現場に委譲されています。そうなると、その権限を使う人自身に、強い当事者意識と責任感を持って仕事に取り組んでもらわないといけません」と、この２つのメッセージを発信し続けているという。（『経済広報』2011年12月号）

④分かりやすく具体的に訴える

　伊藤忠商事の岡藤正広社長は「例えば、『か・け・ふ』（かせぐ・けずる・ふせぐ）など、重要なポイントを社員に分かりやすい形で説明している。「社員には、かっこいい言葉や抽象的な言葉で訴えても壁に絵が飾ってあるのと一緒で、なかなか響きません」と語る。（『経済広報』2016年２月号）

⑤社長の姿を正しく理解してもらう

　同じく岡藤社長は「以前、昼食時に社長を食堂であまり見かけないので、おいしいものばかり食べているんじゃないかと言っている人がいるという話を聞き、社長の姿が正しく理解されていないなと思いました。そのため、自分の行動を頻繁に紹介していこうと思いました」と話す。

⑥決断に納得してもらう

　ダイキン工業の井上礼之会長は「最終的には、リーダーが"衆議独裁"で決断を下す必要があるが、社内での徹底的な議論で納得感を醸成することを非常に重視している。議論から決定までのプロセスの透明度を高めることが重要である」と言う。（『経済広報』2015年１月号）

⑦どうやったら出来るか

　森ビルの森慎吾社長は「『森ビルらしさ』を言っています。いつでも森ビルらしい仕事をしようということですが、『らしさ』を出すということは大変なことで、他人と同じことをしていては出せません。もっと森ビルらしく生きていこうと、今やっているプロジェクトも『できない、できない』じゃなくて、どうやったらできるかからスタートしようと言っています」という。

　それを社員に伝えるツールのひとつとして、イントラネットに月１～２回、

社長コラムを書き、社員からの反応をフォローする仕組みになっているという。また、「社長と語ろう」という場を設けて、月に一度、応募した社員と飲み会を行っているという。（『経済広報』2014年11月号）

⑧自社のブランドや歴史を伝える

　マツダの小飼雅道社長は「社員一人ひとりが松田のブランドを理解するために、2001年に『ブランドエッセンスビデオ』をつくりました。3分ほどの短いビデオですが、『我々は退屈な車をつくらない、走る歓びを与えるブランドだ』ということを全社員に伝えたものです。現在では、ヘリテージビデオのようにマツダの歴史をさかのぼって伝えるところまで育ってきています」と話す。（『経済広報』2016年1月号）

⑨「一緒にやろう」とのメッセージを発信し続ける

　（株）三菱ケミカルホールディングスの小林喜光代表取締役社長は、「私は現在、社長の立場で仕事をしていますが、自分自身は生身の極めて弱い普通の人間であり、「みんながいるから会社が成り立っている」「一緒にやろう」というメッセージを発信し続けています」と話している（『経済広報』2012年12月号）。

⑩社長の仕事の半分は説明

　りそなホールディングスの東和浩社長は「私は社長の仕事の半分は「説明」だとよく説明しています。メディアに対してだけではなく、株主、お客様、従業員といった全てのステークホルダーに、りそなの経営方針や計画の進捗状況などをいつも説明するように心掛けています」と話す。グループ報では、社長自らがビジョンなどを従業員に分かりやすく語りかけるようなコーナーがあり、また、従業員の声を聞くタウンミーティングを頻繁に開催しているという。（『経済広報』2017年2月号）

　これら以外にも様々なポイント、観点があるだろう。だが、これらのメッセージに共通しているのは、いずれも社員のエンゲージメントを高めるものである。

2. インターナルコミュニケーション重視の広報戦略

（1）強まる社員重視

　近年、特に重視されていると思われるのが社内広報、インターナルコミュニケーションである。経済広報センターの調査で企業に重視している広報活動の対象者を聞いたところ、第7回調査（1999年）以降、「テレビ、新聞などのマスコミ取材への対応」が突出して多い。ほかには「株主・投資家」「取引先・顧客」「社員・グループ会社社員」が挙げられている。「マスコミ」重視は変わらないものの、年が経つにつれ、相対的に「マスコミ」や「株主・投資家」「取引先・顧客」の回答が減少し、代わって、「社員・グループ会社社員」と回答する企業が増加している。「社員・グループ会社社員」を重視する傾向が強まっているといえる。マスコミ報道を通じて企業イメージ向上、企業価値向上を図ることも重要だが、それ以上に、インターナルブランディング重視、インターナルコミュニケーションを重視する傾向が強まっていることが分かる。これまで十分に活用していなかった、社員という広報資産を活用し、「攻めの広報」を展開し企業価値を高めようと認識されるようになってきたといえる。明確な経営理念を社員が共有し、それを行動で体現するためのインターナル広報戦略である。

（2）退職者もコミュニケーション・ツール

　経済広報センターは、欧米に企業広報調査ミッションを派遣しているが、米国で、数年前に「退職者とのコミュニケーションを重視している」との話を聞いた。

　米国のある企業では、OBに対して年に数回、OB向けにつくられた社内報のような広報誌を配布したり、OB向けのメールマガジンを発信していた。社内事情に詳しく、会社を離れても古巣を心配しているのが、OBである。OBや中途退職者は、友人や地元の人たちに会社のことを聞かれる可能性がほかの人たちよりも高く、しかも彼らが話した内容は信用され、ウェブやクチコミで流れていくのである。

　不祥事があれば、OBや中途退職者のもとにマスコミが取材に行くことも少

なくない。彼らに最新情報が届いていないとどうなるか。例えば、業界の慣習で、今日では決して好ましくない商習慣があったとしよう。そして、最近そんなことがあったとの噂が流れたとする。実際には、近年コンプライアンスが徹底されており、いくら現役幹部が「改善された」と説明したにしても、もし有力OBが「そんなことは業界の常識ですよ」とテレビのインタビューで発言したら、視聴者は、OBの言葉を信じてしまうだろう。

(3) 社内広報は「社内報・社内誌」「イントラネット」で棲み分け

　電子媒体の活用が普及するのに伴い、1996年以降、社内広報で活用している媒体は「社内報・社内誌」「イントラネット」の2大媒体が定着している。経済広報センターの第12回調査（2014年）では、イントラネットを行っている企業が90.5％（2011年79.2％）、社内報を発行している企業が87.9％（2012年88.7％）だった。

　「社内報」の発行頻度は「月刊」が29.4％、「隔月刊・季刊」が50.2％。一時期、紙媒体を廃止し、電子媒体に一元化するという傾向が一時見られたが、速報性に優れた「イントラネット」と、時間や場所を問わず読むことができる「社内誌」など、それぞれの特性をよく理解し、どの情報をどの媒体に掲載するか、現在では用途に応じて棲み分けがされるようになった。傾向としては、イントラネットを充実させ、社内報の発行頻度が「月刊」から「隔月刊・季刊」にと、少なくなっている。

　社内報の発行目的は経営方針を社員に伝える（目標の共有化）、経営に対する情報をタイムリーに伝える（情報の公開・共有）、社員に刺激を与える、考えさせる、学ばせる（教育の場）、企業文化、企業風土を育て継承する（風通しのよい、活力ある風土づくり）といえる。

　福西七重氏によると、社内報は、考えるメディアで、「思考する」「記録する」「説明する」「配布する」という点で優れている。一方、イントラネットは、繋がるメディアで、「速報性」「連鎖性」「双方向性」「検索性」に優れている。要は、情報が伝わってほしい社員に伝わってほしい時に伝わるツールを選択することが重要である。

　紙媒体を「社内誌」ではなく「ファミリー誌」と位置付け、自宅に持ち帰

り、家族が読むことも想定している企業もある。りそなホールディングスでは男性社員はポケット、女性社員も手持ちのカバンに入れ持ち歩けるように、手の平サイズのグループ報を発行している。また、かつて私が訪問した米国のメーカー企業では、工場で働く社員は勤務時間中に、あまり「イントラネット」を開く環境になく、一方、家に帰ってもトップの演説をわざわざDVDで見るようなことはしないことが分かり、CDで配布した。というのも、ほとんどの社員がクルマで通勤していたため、クルマの中で聞いてもらおうと考えたわけだ。

（4）ユニークなインターナルコミュニケーションを実践している企業事例

　企業価値を向上させるには、経営トップの発言や役割が大きい。しかし、それが社員の心に響かなければ意味がない。

　本書では、広報部門が社員活性化の触媒機能になる時代になったと強調している。しかし、コミュニケーションは、何も広報部門だけで行うものではない。人事、総務、経営企画など多くが関わる問題である。

　情報は、ヒト、モノ、カネに次ぐ第4の経営資源である。そして、情報がビジネス（モノ、カネ）とヒトを動かすともいえる。「社員が同じ土俵に乗ってくれない」「社員が同じ方向に船をこいでくれない」と嘆く経営者もいるかもしれない。しかし、経営者のメッセージが社員の心に届くには、努力・工夫を要する。私が訪問したTI（テキサス・インスツルメンツ）で面白い話を聞いた。広報部門の仕事は、いかに社員の記憶に残るように演出するかだという。

　例えば、業績が悪化したことを伝える社員集会を開いたとする。まず、ステージに社長そっくりの子どもが出てくる。社員が笑う。次に財務担当役員の子どもが出てくる。再び社員が笑う。そして、本物の社長が出てきて社長そっくりの子どもの横に立つ。社員は大爆笑。続いて、財務担当役員が出てきて、彼にそっくりの子どもに並ぶ。社員は再び大爆笑となる。そこで、社長役の子どもが役員役の子どもに質問する。「今期の業績はどうかね？」と。すると、財務担当役員役の子どもが、大きく手を広げ、「あまり良くないよ」とのポーズ。またも社員は大爆笑。ここからは本物の社長と本物の役員が話を始めるわけだが、これで、「つかみはOK」である。社員を「巻き込む」ことに成功し

46

ている。当時の TI 広報関係者によると「どんな面白いアイデアを出せるかを真面目に考えている」という。日本と米国では社会の文化、企業文化が異なっているので日本ではこのような企画は難しいかもしれない。しかし、社員が目を輝かせ、ワクワクするような、社員の心をつかむ工夫は必要だろう。経営トップの重要なメッセージをいかに柔らかく伝えるかが広報部門の腕の見せ所というわけだ。

昭和電工は、かつて日経新聞の広告で新たなスローガンを発表した。前日までに社員には「日経新聞の全面広告を必ず見てください」と告知したという。また、ラジオ CM でも同様の広告を流した。外部のメディアを使い社内に向けてのメッセージを発表したわけだが、これは社員にとっては「サプライズな発表」と映り、記憶に残る社内広報といえるのではないか。こうしたアイデア自体を社員から募り社員を巻き込むというのも、会社の方針を社員に浸透させる一つの手段といえる。

できるだけ多くの社員に情報を伝えるため、米国企業では本社社員が必ず利用するエレベーター内に映像を流しているところもある。私がダラスで訪問したサウスウエスト航空では本社通路の壁に社員や家族の趣味、思い出の品物の写真などを貼り出していた。日本企業の中には社員食堂の壁を使って広報をしているところもある。1 階の受付前のロビーに、製品を展示したり、ビデオを上映している会社もある。

支社、支店、営業所の管理職も重要な広報ツールと考え、朝礼などで社員に話す内容を指示している会社もある。

クロスメディアの発想も重要である。社内報やフェース・ツー・フェース、イントラネット、ソーシャルメディアを連動させた社内広報である。これも社員を巻き込み、五感に訴えるものといえる。

「うちの会社らしいと思ったことコンテスト」「うちの会社のいいところコンテスト」などを、ポスターで告知し、詳しくは社内報、イントラネットで、と誘導する。そして、イントラネットで申し込みを受け付ける。これが話題になり、クチコミで広がる。そして、実際にイベントに参加した社員以外がさらに社内 SNS などに書き込み盛り上がるというわけだ。

社内広報だけの話ではないが、「インフォグラフィック」という手法が注目

47

されている。今でも日本の企業が作成する書類や著作物の中には、文字だらけのものもある。特に難しい内容の場合、途中で読む気もしなくなる。

「インフォグラフィック」とは、文字量を少なくし、イラストや図表を大きくし、視覚的にも、作者が訴えたいことがすんなりと頭に入ってくるように紙面構成をすることだ。

図表を載せるといっても、経済白書のような経済統計の生データ一覧をそのまま転載しても、その図表が何を意味するのかが読み取れない読者も多いだろう。そういう人に対し、この図表はどの数字に注目しなければならないのか、そして、それが何を意味しているのかが分かるように加工する必要がある。

例えば、売上高の推移を図にするだけでは、作者が何を訴えたいのか分からない。そこで、五百億という数字を目立つように大きく載せ、その下に、十年で売上高が五百億円を突破、と説明があり、図でその年の棒グラフだけ色をつけておけば、その図表で製作者が何を言いたいかが分かる。このような手法を使った会社案内やパンフレットが急増している。これは会議で配布する資料や、ホームページ、パワーポイントにも応用できる。

企業関係者の中には「文字量が減ると、情報量が減る」と不安がる人たちもいるが、文字量があっても、読まれなければどうしようもない。接した人たちの頭に入らなければ、「気付き」や「新発見」「きっかけ」「刺激」「影響力」「問題提起」を与えられず、会社や社員を元気にしたり、会社、社員のモチベーションを上げたりすることができない。

広報部門などが一切関係せずインフォーマルな形の社内向けSNSを設けている企業がある。仕事上の相談事、趣味などについて社員が自由に意見交換できる場になっている。これは業務ではなく、もともとボランティアが中心となってスタートしたため、強制はしていないし、投稿者は名前だけで役職はあえて書かないようになっているという。ある社員がSNSで相談事を投稿し、それを見た別の社員がその相談に答え、いい答えだったとすると、ほかの社員から「いいね」が集まる。「いいね」が貯まった社員には、実際に、社長による表彰制度もあるという。広報部門は、公式なイントラネットや社内報を担当しトップダウンの社長メッセージなどを伝えているが、インフォーマルな形でスタートしたSNSを活用したインターナルコミュニケーションはタテ、ヨコ、

ナナメの社内の活性化、モチベーションのアップ、さらには業務の改善、つまり企業価値向上に明らかに役に立っているといえる（詳細は『実践　戦略的社内コミュニケーション』（シエルホルツ著、佐桑　徹他訳、日刊工業新聞社）を参照のこと）。

こうしたインターナルコミュニケーションにより、「その会社らしい、その会社臭い社員がいる会社」になっていく。

元スターバックスコーヒージャパンCEOの岩田松雄氏（リーダーシップコンサルティング代表）は、スターバックスのコーポレート・ブランドは、「広告を打たなくとも、店員さん（スターバックスでは、パートナーと呼んでいるが）一人ひとりがスターバックスのミッションを理解し、それを実現していれば、スターバックスの価値は伝わっていく。本来のブランドは、ミッションが社員の人たちを通じて溢れ出るものだと思っている」と語る。

コーポレートブランドを確立するために、インターナルブランディングを行う必要があり、インターナルブランディングを進めることはインターナルコミュニケーションを進めることに等しい。岩田氏は「コーポレート・ブランドは、一朝一夕にできるものではない。顧客がブランドに抱くイメージは、ピラミッド型の氷山のように海の上に浮かんでいるものだ。私は、ブランド確立のための5つのレイヤーを考えている。

5つのレイヤーとは、まず最下層に、最も根源的な会社のミッション、つまり、「世の中をよくしたい」「世のため人のために働きたい」といった思いがある。第二階層は、それを達成するためのミッションである。「人々の心を豊かにするためにおいしいコーヒーをつくる」といったことが、これに当たる。

第三階層は、第二階層を具体化するオペレーションだ。研修や教育を行う、社風の構築などだ。具体的には、「友達を迎えるように接客する」といったことを浸透させる。

そして、第四階層が、顧客へのミッションの伝達だ。商品やサービス、ロゴ、店内の雰囲気などで、それを伝える。例えば、機械的に「いらっしゃいませ」と言うのではなく、友だちを迎えるように「こんにちは」「暑いですね」など、その場に合った言葉で、きちんとお客さまの目を見ながら、気持ちを込めて挨拶する。その結果、第五階層、つまり、顧客がイメージや評判を持つようにな

るわけだ。社外から見えるのは、第四、第五階層だが、この階層だけを意識してロゴや会社のバッジを替えて取り繕っても、ブランドはつくれないし、すぐに底の浅さがばれてしまう」と強調する。（『経済広報』2013年12月号）

■ 3.「○○ウェイ」の策定

　経営理念や経営方針を浸透させるために、「○○ウェイ」を策定している企業も多い。ジョンソン・エンド・ジョンソンの「我が信条」（アワ・クレド）が最も有名である。

　日本企業の中にも「花王ウェイ」「トヨタウェイ」「コマツウェイ」など、企業理念を社員に浸透させるために「○○ウェイ」をつくり、社員に配り、機会を見つけては研修を行い、その徹底を図っているところが増えている。

　リッツ・カールトンの「クレド」も有名だ。そのクレドの一部を引用したい。「リッツ・カールトンはお客様への心のこもったおもてなしと快適さを提供することをもっとも大切な使命とこころえています。私たちは、お客様に心あたたまる、くつろいだ、そして洗練された雰囲気を常にお楽しみいただくために最高のパーソナル・サービスと施設を提供することをお約束します」「リッツ・カールトンではお客様へお約束したサービスを提供する上で、紳士・淑女こそがもっとも大切な資源です。信頼、誠実、尊敬、高潔、決意を原則とし、私たちは、個人と会社のためになるよう、持てる才能を育成し、最大限に伸ばします」「私は、自分のプロフェッショナルな身だしなみ、言葉づかい、ふるまいに誇りを持ちます」とある。

　こうしたクレドが徹底されていないと、いくら立派な企業理念やクレドを持っていても、「絵に描いた餅」でしかない。前述したジョンソン・エンド・ジョンソンでは、新規ビジネスを行う時、「これはアワ・クレドに反していないか」と社員同士で徹底的に議論するという。例えば、「従業員を大切にする」とは、どういうことか。社員の机は世界中どこに行っても同じ広さがあり、照明の明るさも何ルクス以上と決められる。「取引先を大切にする」とは、どういうことか。取引先に一定レベルの利益を与えられないようならば、その取引自体を中止するといった具合だ。このように、どのような事業を行う際にも、「これはアワ・クレドに反してないか」と社員が自問自答する風土が、その会社

らしさ、その会社の社員らしさ、他社との差別化を生むのである。このように社員が議論（ダイアローグ）できるような指針となる企業理念が存在し、それを実際に議論することが重要なのである。コミュニケーションとダイアローグは異なる。コミュニケーションには、「飲みにケーション」や「雑談」も含まれるが、ダイアローグは価値を生む議論である。

▌4. 周年事業の活用と"自分ゴト化"

社員には、企業理念などを自分の問題として捉える"自分ゴト化"が求められる。企業理念や経営方針は、一般社員にとって遠い存在で、自分とは関係がないものと思われがちだ。このため、関心を持たれず、いつの間にか忘れ去られてしまう。では、自分ゴト化とは何か。電通の谷昭輝氏（マーケティング・デザイン・センターシニア・プランナー）によると、会社の理念などを単に暗記するのではなく、社員が意識を変え、意欲を持たせ、「自ら行動しよう」という主体的・能動的に行動する状態をつくること、別の言い方をすれば、「企業のビジョンや方針を理解し、それに向けて取り組むべきことを、所属する部署や自らの業務に落とし込んで考え、実行に移そうとすること」を言うというのだ。

そのためには、「社員の心に響き、行動に結びつきやすいビジョンや社長メッセージを発信することが大切だ。社長メッセージが社員の行動にどのような変化をもたらすかといった観点から、社長メッセージの書き方を変えることも必要だろう。例えば、ある企業では社員に自社の現状を認識させるために、決算の内容や経営課題をトップ自らの言葉で説明をする映像を全社に中継し、社員の危機感を醸成した」という。

その際のキーワードのひとつが、"体感"である。イベントなどを通じて企業理念を経験することである。リンクイベントプロデュースの一色顕氏は、「イベントは、参加者の反応や参加者同士の対話から、メッセージの伝わり方も感じ取れることができる双方向のコミュニケーションメディアである」とした上で、イベントとはいえ、一方的に話を聞くだけでは社員のエンゲージメント効果は低く、体感要素を盛り込むことで、参加者の主体性を引き出せると指摘する。企業理念を浸透させるために、社長が企業理念を読み上げたり、社員

に暗唱させたりするだけでなく、社員同士で、それを議論させる方が、社員が頭で考え、行動に結び付けやすいだろう。これも"体感"の一種だろう。

　特に「周年事業」は、「理念浸透」「ビジョンの共有」「一体感の醸成」を図る良い機会である。企業理念が風化している場合には「過去との再接続」、過去に築きあげてきた基礎を踏み台に飛躍を目指す場合には「過去をベースにした新たな挑戦」、第二の創業といった場合には「過去との決別」をテーマに行うことができると強調する。

■ 5. 成功事例、好事例の共有化

　企業理念に照らし合わせ、自分が何をしたらいいのかを考えるヒントになるよう、ヤマトホールディングスでは、人里離れた家にいるお年寄りに雪の中、荷物を届け感謝されたといった「感動体験DVD」を製作している。企業価値・ブランド価値を高めるために自分は何をすべきかを考えるように工夫している。住友生命も同様のDVDを作成している。

　また、社員同士、お互いの良いところを褒め合い、業務改善や社内活性化を図る動きも出てきた。住友生命では、「いいね！カード」を渡すことで同僚への感謝やねぎらいの気持ちを伝え、褒め合う風土を醸成。最も共感を集めた事例を表彰する「いいね！カードアワード」も実施している。同様に、ヤマトホールディングスでも「満足BANK」を行っている。

　スターバックスには、「GABカード」と呼ばれるカードがある。また、パートナー同士がお互いにいいことがあったり、よいことをしたりした場合にカードに書いて褒め合い、感謝の気持ちを伝えている企業もある。そうすることで、ミッションへの理解を深め、より高いブランドを構築している。

　生命保険や宅配便の場合、社員または生保レディ、セールスドライバーのように顧客と日常的な関係が継続する職種は、社員、職員に「自社らしさ」を意識してもらうことが、付加価値を高める上で重要となろう。

　また近年は、"One ○○○"というスローガンを掲げ、グループ経営、グループ広報を展開する企業が増えている。グループ経営や持株会社制など、企業構造が複雑化する中、グループ間のシナジー効果をいかに発揮できるかが問われている。そのため、"One ○○○"をキーワードにグループ間の連携強化

やインターナルコミュニケーションを重視する企業が増えている。

帝人は、持株会社制を採用し一定の成果を生んできたが、一方で組織間に壁ができる、グループとしての総合力発揮が失われるデメリットもあるという。そのため、組織間の情報の壁を打ち壊し、グループ全体の成長に向けて全ての衆知を結集するため、"One Teijin"の強化に取り組み、「技術力の融合」「営業力の融合」「人材の融合」で一丸となることを目指している。

社員が活性化するために、表彰制度を実施している企業もある。日立製作所では日立ブランドの価値を体現するような活動を表彰している。ビジネスとして今後大きな成長が望める活動、事業を通じて地域社会に貢献した活動を表彰している。

このほか、イントラネット上で社員の優れた活動を募集しイントラネット内で表彰している企業や、イントラネットで募集するものの表彰式はリアルで開催している企業もある。

社長によるタウンホールミーティングを実施している企業も多い。

また、ブランド理念の浸透度を測れるようなeラーニングを実施し、従業員の行動変革を評価する仕組みを構築している企業もある。

コーディネーター制度を導入している企業もある。コニカミノルタでは、それぞれの事業所、部署で「職場の広報パーソン」としてコーディネーターを任命し、所属する部署の事業内容や取り組み好事例を社内SNS「Co・Co・NET」に投稿している。そして、投稿件数、閲覧数、「いいね！」獲得数に応じて表彰を行っている。海外のグループ各社にも同様の取り組みを行っているという。これにより、従業員の広報意識育成とともに、事業部門の情報連携を促進している。

つまり、企業の評判、イメージ、ブランド価値向上には、明確な企業理念、それに基づくブランドメッセージ、それを具現化した事業、それを実践するための社員研修・教育・社内広報が必要といえる。そして、それを実際に行っている社員や事例を表彰したり、「いいね」を押してもらったりすることで、仕事の"自分ゴト化"、さらには、自分の仕事の社会的意味を理解する、仕事の"社会ゴト化"を推進しようとしているといえる。

6. 社員をアクティビストとして活用する

　日本企業では、近年、前述したように社員の"自分ゴト化"に関心が集まっているが、米国では、さらに一歩先を行き、企業理念や経営方針を"自分ゴト化"できた社員が会社のアンバサダーとして積極的に社外に情報を発信するための工夫や仕組みづくりに取り組んでいる。SNSなどを活用し、「発言してほしい社員」に「発言してほしい情報を伝え、積極的に発信する」よう促している。日本でも、しばしば「広報部門はストーリーテラーになれ」と言われるようになったが、米国では、「ストーリーを語るだけでなく、いかにシェアするか（ストーリーシェアリング）」に関心が持たれる段階に移っていた。

　企業がブランドの姿を消費者に伝えていくために、「ストーリーテリング＆シェアリング」が1つの重要な視点となっている。ストーリーの受け手側である消費者にシェアしてもらうことで、そのブランドに対するエンゲージメントをより深めることができるが、どのようにそれを行うかというと、社員を通じてそれを行うという考え方である。

　PRコンサルティング会社のエデルマンの調査結果によると、米国企業で働く社員の58％が自社のミッション・バリューを把握しておらず、70％が企業に積極的にエンゲージしていないという。

　エンプロイーエンゲージメントは日米共通の課題であるが、日本との違いは、米国では社員の定着率が日本より低い中で社員に対して企業理念の"自分ゴト化"を推進していることである。社員には企業のアンバサダーとなり、社外に向けて情報を発信することが期待されている。IBMは、社員による社外への積極的な情報発信を支援していることで有名だが、ペプシコやDELLでは、企業のアンバサダーを育成するための社内トレーニングを導入している。

　PRコンサルティング会社のウェーバー・シャンドウィックは、SNSが普及した昨今、社員は企業のレピュテーションに大きな影響力を持つ「アクティビスト（活動家）」である、と定義している。アクティビストである社員を上手く巻き込むことで、会社を批判から守り、オンライン・オフライン上で自社の理念やメッセージを発信してくれる存在にしていくことが重要だという。

同社の調査によると、社員がどの程度のアクティビストかは6段階に分類される。例えば、プロアクティビストという、会社をサポートするポジティブな発言を積極的にしてくれる社員は21％、プレアクティブ層が26％、ハイパーアクティブ層が7％、リアクティブ層が11％、デトラクター層が13％存在しているが、全く関与しようとしないインアクティブ層も22％存在する。企業は、いかに積極的なアクティビストを増やし、無関心な層や批判的な層を減らすかを考える必要があるというのだ。

社員をアクティビストとして活用する企業の事例としては、例えばペプシコは、イントラネット上に掲載している社内ニュースにソーシャルメディアのシェアボタンを付けており、社外に向けて社内ニュースを簡単に発信することができる。この機能を使い、社員の66％が友人や家族に社内ニュースをシェアしている。

「我が信条」で世界的に有名なジョンソン・エンド・ジョンソンは、全世界に13万人いる社員に向けて、一貫したメッセージを伝えるための取り組みを行っている。

同社には全世界に約400名のコミュニケーション担当者がいる。コミュニケーション部門の仕事の半分はインターナルコミュニケーションで、同社のグローバル戦略であるJ＆J Enteerprise Storategic Framework（全社戦略フレームワーク）に基づき、「Our Credo（我が信条）」や「Growth Drivers（成長の原動力）」の浸透を図っている。

「Our Credo」の70周年を記念した施策では、社員が上司や同僚と「Our Credo」をテーマとして対話する取り組みを全社的に実施し、その様子を専用のウェブサイトに写真や映像で掲載した。同時に、「Our Credo」に対するコミットメントを示す社員の署名を、ウェブ上で集めた。これらの施策には14ヵ月間で社員の80％が参画したという。

また、CEOの意向を13万人の社員に伝えるために、各国のエグゼクティブメンバーを集めてリーダーズ会合を開催している。また、グローバルリーダー以上には社員とのコミュニケーションに活用できる資料やツールが入った情報のワン・ストップ・チャネルであるリソースセンターをウェブ上に展開している。

加えて、CEOのブログとイーマガジンを通じて、社員に直接情報を届けている。また、CEOは年に約80本のビデオメッセージを、本社に備え付けられたスタジオで撮影している。

会社の経営方針や理念を理解し、自分ゴト化した社員がソーシャルメディアを活用し、社内外に発信することが、米国の特に先進的な企業では、推奨されている。

そのためには、社員がどのようにソーシャルメディアを利用するかのガイドラインやソーシャルメディアポリシーが必要だ。

ガイドラインの内容は、二つに分けられるように思う。一つは、危機管理上、社員に、してはいけない「べからず」集である。これはガイドラインに記すべき最低限の項目といえる。「企業行動憲章」や「行動規範」がある場合には、基本的には、そこから逸脱しないよう、まず呼びかける。

具体的には、

①会社や取引先、顧客、第三者の権利、人権、財産を害する、あるいはその恐れがあるような発信はしてはいけない

②他社の商品・サービスに対する誹謗中傷をしてはいけない

③あらゆる者への個人情報、プライバシーを侵害してはならない

④政治的、宗教的、その他勧誘をしてはならない

⑤会社の情報を営利目的で使用してはならない

⑥公序良俗に反する行為、またはその恐れのある行為はしてはいけない

⑦犯罪的行為またはその恐れのある行為はしてはいけない

⑧事業を妨げる行為、信用を毀損する行為はしてはいけない

これらに関連して、そのような行為・発信があった場合には、削除など必要な措置をとることができることや、会社は一切責任を負わないことも明示しておく必要がある。

さらに、「情報発信や対応に責任を持ち、誤解を与えないこと」「経験や情報を広く社内外に共有し、多くの個人やコミュニティの成長に貢献すること」など、ソーシャルメディアに参加するに当たっての心構えを記すこともある。また、メディア利用に関する問い合わせ先を記す企業もある。

以上、ここまでが、最低限の項目である。もし、自社が社員にあまり発信し

てほしくないならば、（社員がソーシャルメディアを使って発信する際の注意喚起が目的ならば）、ここまでで十分だろう。

　だが、自分ゴト化した社員に、もっと積極的に発信してほしいならば、ソーシャルメディアの活用に前向きな項目を入れることになる。

　代表的なのが、IBM の「ソーシャル・コンピューティング・ガイドライン」である。IBM のガイドラインは、「IBM は自由な対話や意見の交換を支持します」とした上で、「身分を明らかにして活動しましょう」「一人称で語りましょう」「読者や同僚に敬意を払いましょう」「価値を付加しましょう」「喧嘩を仕掛けてはなりません」「自分自身の誤りには、いち早く対応してください」「温かく、公平で、親しみやすさを心がけてください」といった項目を掲げている。

（佐桑　徹）

第5章

教育支援活動への新たな視点

1. 出前授業を実施するときの注意点

　自社の社員を小中学校、高校、大学に派遣して、産業の基礎知識や仕組みなどを教える「出前（出張）授業」を実施する企業が増えている。

　カルビーは、子どもたちが普段食べているポテトチップスを例に一日のおやつの目安となる量や食べる時間について知ってもらったり、子どもたちが自分でお菓子を選ぶ時、どこに気をつけたらいいかを考えてもらったりする出前授業を行っている。

　日本航空は、パイロット、キャビンアテンダント、整備士、空港スタッフが制服で学校に出向き、仕事の内容、楽しさ、やりがいや、その仕事を目指した動機など、これから職業を選択する子どもたちに航空会社のそれぞれの仕事の中身を分かりやすく説明する講座を実施している。

　味の素は、おいしさや味を感じる仕組み、うま味とは何か、うま味体験とだし素材の観察（こんぶ等だしの観察、かつお節削り体験）といった出前授業を展開している。

　野村グループは、経済や社会の仕組みを教える体験型授業を行っている。「為替」をテーマにした授業では、通貨の種類や為替レート、円高円安の影響などを分かりやすく解説するとともに、為替変動を体験できるゲームを実施している。

　このようにさまざまな業種の企業がさまざまな内容の出前授業を展開している。

　経済広報センターは、学校の先生方から成る団体とお付き合いをしているが、その先生方からお聞きした話を紹介したい。

　まず、出前授業を行う時期。会社の都合で企画しがちだが、内容によって、授業の年間の流れで実施しやすい時期がある。対象学年の学習内容と関連づけ

58

ることも重要なポイントのひとつだ。

　また、学年によって習っている漢字が異なるが、単に習っていない漢字にル
ビをふるだけでは不十分だ。学年によって内容も書き直さなければならないと
いう。そのためには教える学年の教科書を読んでみて、レベルを合わせると
いった努力が必要となる。

　また、文章だらけの資料では読む気がしない。図やグラフ、イラスト、写真
を使うように心掛ける。

　講義も、単調な説明調や講義型では、子どもたちが飽きてしまう。

　玉川大学教職大学院の谷和樹教授は「長い前置きはいらない。いきなり本題
に入る」「身近なところから入る。意表を突く」「単語は声を合わせて読むな
ど、全員を巻き込む」「問いかけた場合は、答えをすぐに言ったりせず『思っ
たことをノートに書きなさい』などと具体的な作業をさせる」「子どもたちが
シーンと待たなければならないような空白は禁止」といった点を心掛けるよう
アドバイスしている。

　さらに、日本理科教育支援センターの小森栄治代表は「毎年、その学校で
出前授業ができるとも限らないので、同じような授業が引き続きできるように
テキストや実験キットの貸し出しなども重要だろう」と話す。

　こうした出前授業は、キャリア教育の観点から、学校側の関心も高まってい
る。

　コメントを紹介した谷教授は、もともと小学校の先生であったが、今では、
現役の教師に授業方法を教える、"先生の先生"である。また、小森代表も、
もともとは中学校の理科の教師であったが、何度も「ソニー賞」などの輝か
しい賞を受け、独立し、先生方に理科の楽しさや教え方を教授している"プ
ロの教員"である。そして、このお二人が属している教員組織の代表を務める
のが、向山洋一氏だ。この三人に私はインタビューを行った。その内容には、
出前授業や企業施設見学を実施する際に、企業の教育支援担当者が知ってお
いたほうがいい重要なポイントを含んでいる。インタビューの一部を引用した
い。

2．向山洋一氏に聞く「子どもたちが調べ、考える工場見学、出前授業に」

■企業が子供たちを工場見学などで受け入れる時に何を考えればいいのか。

　向山　工場見学する際に、子どもたちが、ただ単に説明を聞きながら見学するのではなく、「工場内で気がついたことを全部書きなさい」と言ってから見学させると、子どもたちの目つきが変わる。さまざまなことに気づくようになる。なぜ壁が白いのか。この配列にはどんな意味があるのか。工場内にはゴミが落ちていないこと、そうした「気づき」がある。企業は効率化、環境対策などでたくさんの工夫をしている。工場を漠然と通り過ぎるのではなく、それらを子供たち自身に気づかせるのである。子どもたちから「すごいなあ」「感心した」との声が自然と出てくる。

　そして、子どもたちが学校に戻り、工場で気づいたことや感想、工場内の模様の絵を書き込むことができる壁新聞の形式の用紙があれば、工場見学を振り返る授業ができる。それを教室に張っておくこともできる。その用紙に企業名が入っていると、昔は張れなかったが、今はかつてほどうるさくなくなった。

　「川」のように、長いものは材料にしやすい。企業に関連した内容でいえば、例えば、「電線」。この電線はどこまで続いているのかな、その先に何があるのかなと興味を持たせながら授業ができる。「ガス管」も同様だ。ガス管のずうっと先はどうなっているのか。「水道」も、水道管の先はどうなっているのか、なども子供たちが興味を抱きやすい。

　また、動きがあるものがいい。金融教育ならば、お金の流れがある。お金が銀行から会社へ。会社から給料として社員へ。社員がそのお金で買い物。商品を買うと、お金はお店へ、といった具合にお金の循環で経済を教えることができる。

■ほかに何か工場見学で、何かアドバイスを。

　向山　教師は、見学する工場をどのように決めるか。もちろんどのような展示があるか。大人用の説明でなく子供向けの説明になっているかが重要なのは当たり前だが、それ以外に、ロジステックとして、まずバスが停められる駐車場があるか。そして、バスで移動するため、子供たちはトイレに行きたくな

る。十分なトイレがあるか。また、一度に何人まで受け入れられるか。何時間のコースなのかも必要な情報だ。そして、子どもたちがお弁当を座って食べるスペースがあるか。立派な椅子でなくてもいい。長い椅子があれば十分だ。しかも、雨の場合でも大丈夫なように屋根のあるスペースまたは室内か、なども決め手になる。

　食品工場だと、工場内での飲食が禁じられていることが多いが、工場の敷地の横にプレハブでもいい。そして、水かお茶だけでも出してもらえれば十分だ。

■出前授業で注意する点は。

　向山　5年生の家庭科などといった具合に、自分たちの出前授業が、どの教科のどの単元に相当するのか、指導要領のどこに当てはまるのかを、まず調べる。拡大解釈でもいい。この授業でできるとの当たりをつける。どの企業でも、どこかに当てはまると思う。これが決まると、何月の授業になるかが決まる。いずれにしても、学校の先生に相談してみるといい。また、できれば、写真やモノを用意するといい。一目瞭然だし、子どもたちを引きつける。水道局の出前授業ならば、言葉で説明するよりも、汚れた水がきれいになる実験をする。そうすると、水がろ過されるのが一目で分かる。水道局の仕事が分かる。このように体験や実験があるほうがいい。小学生は、とにかく楽しくないと集中力がもたない。

■3.　谷和樹 玉川大学教職大学院教授・小森栄治 日本理科研究センター代表 に聞く「企業にできること」

■いま、小中学校の教育現場で企業の役割や経済の仕組み、ものづくりの技術について、どのように教えられているか。

　谷　断片的にしか教えられていない。社会科に限ると、学年ごとに学習内容がばらばらで、繋がっているようには見えなし、カリキュラムの作り手側も、経済の仕組みなどを体系的に教えることを意識しているとは思えない。例えば、3年生で「生産と消費」という概念を学習する。4年生では、社会システムを支える「インフラ」（主に水道が取り上げられることが多い）について学習するが、「生産と消費」の学習と繋がっているとは思えない。また、5年生では、「日本の産業」（代表的な産業である自動車が多い）を学習する。学

んでいる子どもたちは、自動車産業の勉強であると認識している。これが3年生で学習した「生産と消費」に貿易などの要素が加わり、より大きな概念としての教育という風に認識させられていないことが問題である。

　小森　理科教育も同じ。日本の理科教育は電流の働きなど、原理原則を学ぶ。その応用である製品や技術、作っている会社、技術者には繋がっていない。現在の学習指導要領では、中学校の理科で職業との関連について扱うといった文言が入っている。最近、ようやく教科書などにも単元のあとに関連する仕事や働く人のインタビュー記事などが掲載されるようになった。欧米では、すべての単元で仕事との関連などのキャリア教育に繋がる仕組みができている。

　谷　日本では、理科も社会科も、実際に働いている人の姿などを具体的に知り、キャリア教育などに繋げる視点が弱い。キャリア教育について、文科省が非常に力を入れようとしているが、働くとはどういうことか、どのように技術が生まれるのかなどを子どもたちが考える機会を持つ必要がある。

■学校では、最近、キャリア教育への関心が高まっていると聞くが。

　谷　キャリア教育は、非常に重要な視点で、今後10年から20年の間で、今ある仕事の半分以上が無くなる、もしくは大きく変化すると言われている。米国では、2013年度に小学校に入学した子どもたちの67％が、今は無い職業につくと言われている。さらに、レイ・カーツワイル氏（米国の発明家、実業家、フューチャリストで、人工知能研究の世界的権威）が提唱している「シンギュラリティ」という考え方では、人工知能（AI）が発達し、人類の知能を超えてしまう瞬間（特異点）が2045年までに来ると予測されている。産業構造そのものが大きく変わり、もちろん仕事の内容も大きく変わることになる。

■ B to Cの企業と違って、B to Bの企業は、子どもたちに知る機会が少ない。
どうしたらいいか。

　小森　子どもたちだけでなく、学校の先生もB to Bの企業を知らないことが問題である。学校の先生は大学（教育学部）からそのまま教員になった場合、他業種との交流などがほとんど無い状態である。だから、自動車のモーターを作っているメーカーであったり、ヘッドフォンの部品を作るメーカーで

あったりを子どもたちに説明することができない。また、必要不可欠な技術やレアメタルなどの素材についても、名前や元素記号はわかっても、それがどのように商品に応用されているかがわかっていないので、そこを教員自らが学ぶことが大切である。

■小森先生は、電気の流れや省エネの説明をする際、手回し発電機などを使用しているが、そういった実際の世界と連動するような授業がもっと増えるといいと思うが。

　小森　電力の安定供給などについて授業する際、手回し発電機の実験を入れると子どもたちが理解しやすい。こういった授業・実験を小・中学校を通した理科の年間カリキュラムの中に、どの単元でどの実験道具を使って教えるなどをパッケージ化し、全体の流れを貫く概念を子どもたちに教えていくべきだ。私は、風力発電を学ぶことができるサイキット社の夢風車２、戸田建設の洋上風力発電模型などを使った授業を実施している。これは、島に発電所を作るといった設定を与えて、子どもたちが電力の安定供給の難しさ、苦労、また、省エネ効果、再生可能エネルギー資源利用の課題などを実験を通じて、考えて学ぶものである。

　また、海外、特に米国の理科の授業では、日常生活の中から問題を見つけ、そこから学習をスタートするといった流れになっている。思考して、判断させる学習で世界的な潮流である「STEM（ステム）教育」の一環。こういった考え方、学習方法を日本でもしていかなければならない。

　谷　理科という教科から社会の授業などに広がっていく。文科省も教科横断的に授業をするように次の学習指導要領から「カリキュラムマネジメント」という言葉で強力に打ち出している。小森先生の授業のように、プロジェクト的に取り組んでいく中で課題を見つけて解決するような授業が必要になる。

■企業として、教育現場に何ができるか。

　小森　出前授業などが挙げられる。しかし、通常の出前授業だと50分程度の一発勝負で終わってしまう。企業の人と交流したり、授業の内容について質問を何回もすることができる機会をつくることが大事。企業の出前授業は、

プレゼン的になりがちである。聞いている子どもたちが主体となって質問を
し、自分たちの考えを述べたり、提案したりする機会が多くある授業が求めら
れる。

■企業が行っていることで、教育とうまく連携している例はあるか。

　谷　例えば、ヤマキの食育への取り組みである「かつおぶし教室」は企業
と小学校が非常にうまく連携できている。安定的に全国に向けて出前授業を展
開している。また、授業との関連性もある。家庭科の中で料理と栄養の教育と
して、関連付けて実施することが可能で、小学校5年、6年の指導要領の内容
とも関連している。

　小森　損保ジャパン日本興亜ひまわり生命では、ひまわりの種を子どもたち
に配ることで、それが大きくなる様子を夏休みなどを利用して、観察してもら
うというユニークな取り組みを実施している。非常に質のいい種をいただける
ので、かなり大きなひまわりになるため、子どもたちが非常に喜んで取り組ん
でいると聞いている。

■これから学校では、企業や経済についてどのように教えていくべきか。

　谷　生産から消費までの全体の流れについて理科と社会を組み合わせて、ひ
とつの原理を組み立てておく必要がある。それを基に同じ構造である産業につ
いても考えながら教えるといった形で進めていく教育が求められる。全体がわ
かると将来的なキャリア教育にも繋がる。さらにそれに加えて、モノはつくら
ないけど価値をつくるサービス産業などについても考えていく必要がある。

┃ 4. 企業博物館ミュージアムの活用

　企業博物館には幾つかのパターンがあるように思われる。1つは、企業の本
社や工場内にあり、入館するには手続きも煩雑で週末はやっていないケース。
これは社員や取引先を対象にしている。2つ目は、自社の商品のショーウィン
ドウのようなケース。3つ目は、自社や業界の歴史や技術を展示しているが、
大人を対象としたケース。そして、4つ目が子供たち向けのケースだ。

第5章　教育支援活動への新たな視点

JR東海「リニア・鉄道館」

　東海旅客鉄道の「リニア・鉄道館」には、同社独自の最先端技術である超伝導リニアと、東海道新幹線をはじめ時代ごとの車両などが展示されている。車両展示エリアでは、0系、100系、300系、700系の新幹線や中央本線の特急「しなの」などが一堂に展示されている。鉄道ファンも楽しめるし、子ども向けのコーナーもあり、小学生も楽しめる。

　館内には、様々なパネルや映像があり、いろいろな角度から鉄道のしくみや歴史を体験できる。例えば、「新幹線の一日」では、6分間の映像で、早朝の運行業務開始から夜間の保守作業の様子までを知ることができる。

北海道キッコーマン

　キッコーマンの工場見学は面白い。とても工夫されている。北海道・新千歳空港近くの北海道キッコーマンの工場は、しょうゆの生産工場としょうゆ博物館が一体化しているといえる。

　まず見学者は、しょうゆの製造工程などについての約15分間のビデオを観る。この後がユニークだ。施設は昔懐かしいキッコーマンの容器や江戸時代のしょうゆづくりの過去を見た後で工場を見学する。つまり、過去と現在のしょうゆづくりを比較できるようになっているのである。

花王「花王ミュージアム」

　東京都墨田区の花王すみだ事業場には、一般公開されている「花王ミュージアム」がある。ここは単に花王の商品を展示しているだけではない。

　古代から現在に至る、人々の暮らし、その中でも特に手や顔を洗うといった"清浄"の変化を知ることができる。

　館内は3つの展示ゾーンから成る。

　まず「清浄文化史ゾーン」ここでは、古代から現在に至る人々の暮らしを清浄という視点でたどっている。それぞれの時代の入浴、洗濯、掃除、化粧を紹介している。古代メソポタミアから江戸時代の清浄生活を紹介した空間もあれば、60歳以上の人たちにはどこか懐かしい、昭和の公団住宅が原寸大で再現されている。

2つ目のゾーンは「花王の歴史ゾーン」。1890年に「花王石鹸」が発売されて以降の花王の製品や広告、ポスターを見ることができる。

3つ目のゾーンは「コミュニケーションプラザ」で、機器を使い肌や髪の状態をチェックできる。

花王「花王エコラボミュージアム」

花王には、和歌山工場内に「花王エコラボミュージアム」がある。先端のエコ技術を体験したり、工場内にある温室で植物を見学したりしながら、子どもたちが環境・エコロジーを考える機会となる。

資生堂企画資料館

静岡県掛川市にある「資生堂企画資料館」は、資生堂のあゆみを知ることができる。資生堂初の化粧品や大正時代の香水などが展示されている。また、1966年から2000年までの代表的なCMを見ることができる「CMシアター」もあり、懐かしい。

また、「資生堂アートハウス」も併設されている。アートハウスの大きさな窓からは目の前を走り去る新幹線を見ることができる。資生堂が文化、芸術を大切にする、美を追究する会社であることが分かる。

三菱UFJ信託銀行「信託博物館」

三菱UFJ信託銀行の「信託博物館」は、東京駅前という最高のロケーションにある。信託をテーマとした日本初の博物館だ。信託というと、「よく分からない」「難しい」との印象を持たれがちだが、信託とは、財産を託す「委託者」と、託された財産を受ける「受益者」、それを支える「受託者」から成るとの仕組みを「ガイダンスツアー」で学んだ後に、ウォルト・ディズニーやエルビス・プレスリーなどの遺言を通じ、大切な財産を大切な人に遺す手段として信託が使われていたことを知ることができる。

同行のイメージ・キャラクターであるピーター・ラビットに関連する展示も目を引く。ピーター・ラビットの舞台となった英国湖水地方の風景を守るため、作者であるビアトリクス・ポターの思いを今も実現させているのが信託の

仕組みであることが分かる。

三菱重工みなとみらい技術館

　横浜市にある「三菱重工みなとみらい技術館」は、科学技術について学ぶことができる。

　1階は、航空宇宙、海洋、くらしの発見・輸送のゾーン。

　2階は、環境・エネルギー、技術探索のゾーンと、乗り物の歴史等のコーナーから成る。

　航空宇宙ゾーンでは「しんかい6500」の一部を切り取って内部が分かるように分解展示されている。子どもから大人まで楽しめるようになっている。

日本郵船歴史博物館

　横浜市の観光地にあり、三菱重工みなとみらい技術館、新聞博物館などとともに歩いて回ることができる。

　明治維新で、日本初の外国路線を開設して以降、外国船との国際競争に勝ち抜くための国内船会社の合併。　その後の豪華客船時代の到来、戦争とその後の復興といった、日本の船会社の変遷を知ることができる。

（佐桑　徹）

第6章
広報活動の企業価値への貢献を
どう測定するか

▍1. 広報の効果を社内にいかに説明するか

　経済広報センターは3年に1度、「企業の広報活動に関する意識実態調査」を実施しているが、広報部長の悩みの第1位は、長年にわたり「効果測定が難しい」である。広報の効果測定は「永遠のテーマ」といわれて久しい。しかし、何も効果測定が難しいのは広報部門だけではないはずだ。同じように利益を生み出さない間接部門である秘書室、総務部などは業務の効果測定や費用換算を求められないのに、なぜ広報部門だけが求められるのか。総務部門や人事部門の役割は十分に理解されているからか。

　広報活動の成果が社内に理解されるように説明し、成果の「見える化」をしなければならない。

　そのために幾つもモデルが提示されてきた。『広報・PR効果は本当に測れないのか?』（トム・ワトソン、ポール・ノーブル著、佐桑 徹他訳）には幾つもの評価モデルが紹介されている。広報の効果測定は、報道分析といったアウトプット分析にとどまらない。

▍2. 幾つかの効果測定モデル

　同書では、まず、「PRは説得と同等」と説いている。人々を説得した成果が、広報活動の成果となるというわけだ。

　マクガイアの「コミュニケーションおよび説得プロセスのアウトプット分析」は次のような段階から成る。

1. プレゼンテーション—PR対象にメッセージを伝える。
2. 関心—PR対象が関心を払う。
3. 理解—PR対象がメッセージを処理する［ターゲットは必ずしもメッ

セージを理解しない、また正確にあるいは意図されたようには理解しないが、一定の理解はする］。
4．受容―PR対象がメッセージを理解し、受け入れ、その結果、認知・感情の状態に変化が起こる。
5．記憶―PR対象は一定期間メッセージを記憶する［しかし、メッセージは、記憶されても、変更されることがありうる。したがって受け取られたときと同じではない］。
6．行動―PR対象が、コミュニケーター（メッセージを発した側）が望んだ方法で行動する。

経験豊かな実務家であるウォルター・リンデンマンが述べているように、

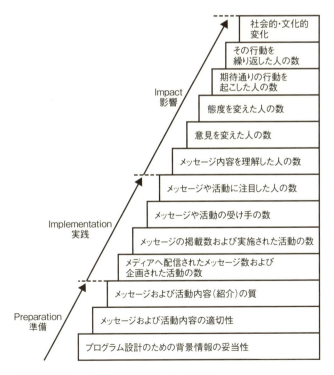

図6-1　PRプログラム評価のための段階

（出所）『広報・PR効果は本当に測れないのか？』

図6-2 PRプログラムの評価

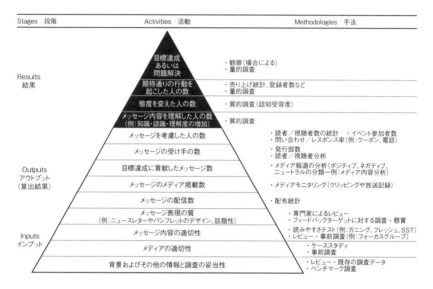

（出所）『広報・PR効果は本当に測れないのか？』

「PRの効果を測るには、たった一つの単純な手法などない。PRの影響を正しく評価するためには、さまざまなツールとテクニックの組み合わせが必要となり、それは、どのレベルの測定が必要かによって変わってくる」ものである。

典型的なものがカトリップ、センター、ブルームの三者によるモデル、「PRプログラム評価のための段階」である。（図6-1）

次は、アウトプット（産出結果）とリザルト（結果）を分けて考えたモデルだが、オーストラリアの評価の専門家であるジム・マクナマラのマクロモデルだ。（図6-2）

3. 多様化する報道の広告費換算

多くの企業が行っているのは、アウトプット分析だ。アウトプット分析というと、広告換算で広報活動の結果を測定しようとするものだが、部数の少ない新聞に3回大きく掲載された場合と、部数の多い新聞に小さく1回載った場合の広告換算費が同額だとしても、広報効果が同じと言えない。ただ、実際に企

業が行っている広告換算を見ていると、分析の内容は実に多様化している。「報道された文字数・行数」を単純に広告費換算している企業もあれば、報道内容を「肯定的」「中立」「否定的」に分類し、件数を集計している企業もある。また、見出しに企業名があるか、写真があるか、企業名、ブランド名が記事に2回以上出てくるかといった基準で指数化している企業もある。

企業にはまた、毎年、重視する広報テーマ（例えば、社長の名前と顔が知られていないので、社長が露出した記事は広告換算費を5倍にするとか、CSR・環境への取り組みを重点項目とし、こうした記事は広告換算費を3倍にするなど）のポイントを高くしているケースもある。

アウトプット分析の結果をどう評価するかについても多様な方法がある。「同業他社と比較する」「自社の前年度と比較する」「実際の経費と比較する（例えば、イベントをホテルで行った場合、実際の経費と広告換算費用を比較し、広告換算費が上回っていれば成功と考える）」など、さまざまだ。

また、業界のまとめ記事で、業界第1位の企業が見出し・本文に大きく取り上げられることが多いため、業界第2位のある企業は、業界第1位企業と並び報道されることを目指し、それを評価対象のひとつにしている。

独自の基準による「好意報道ポイント」を採用している企業もある。「好意報道ポイント」とは広告換算値に近い考え方で、所定の媒体において自社名が報道された場合に、社名掲載数・媒体・記事の大きさ・掲載面などにより所定の係数を乗じて計算している。例えば、X新聞の媒体係数を6、一面係数を4として、自社名が一面に一度登場した場合、1×6（媒体係数）×4（一面係数）＝24Pとなる。この手法は独自の基準によるため、自社の広報戦略を係数に反映させることが可能である。例えば本業に係わるものなど、特に重視される分野について、係数を高めに設定するのである。

▍4. 効果測定、幾つかの手法

広報活動の成果や影響をひとつずつすぐに測定するのは不可能なことである。しかし、広報活動の積み重ねの結果を測る指標として、「マスコミ各社が行う企業ランキング調査の結果」「自社で行っている企業イメージ調査の結果」「経済広報センターの企業広報賞など、外部の表彰事業」の評価が広報活

動の最終的に到達した評価といえる。前出の幾つかの評価ピラミッドの「記憶」「行動」に近いものといえる。広告換算するなどのアウトプット分析を行い費用対効果を測定するだけでなく、企業全体のイメージ・評価を広報活動の成果として捉えることもできる。

　ある企業では、外部が行う企業イメージ調査と同じ項目を社員にアンケート調査し、社内と社外のイメージの食い違いを把握した上で、広報活動を展開している。例えば、社員は「自社はグローバル化が進んでいる」と認識しているのに、世間では「ドメスティックな企業」と見ている場合、社会に、どのように、「グローバル企業」と認識してもらうかが課題となる。また、今では多様な先進的な製品を開発・販売しているのに、社会は、いまだにかつての製品のイメージしか持ち合わせていない場合、実態を知ってもらう広報が必要になろう。

　また、社長の記者会見がテレビや新聞で報道された場合、それを見てどう思ったかを社内の広報委員が印象をレポートしている企業もある。

　社内広報の効果測定としても、イントラネットはアクセス数などで行う。また、社内外にかかわらず、ソーシャルメディアの効果測定をファン数、フォロワー数、「いいね！」の数、さらに話題にした人数、ファンのリピーター数で測定するのは、マスコミ報道の効果測定でいえば、記事の広告換算費用や記事件数を調べるようなものである。

　忘れてならないのは、個別に、届けたいメッセージが届けたいステークホルダーにきちんと届き、どのように意見・行動が変化したかを測定することだろう。

　ソーシャルメディアであれば、「AIDMA」（Attention ＝注意→ Interest ＝興味→ Desire ＝欲求→ Memory ＝記憶→ Action ＝行動）の各段階に、どれだけの人たちが達したかを検証すればよい。また、最近はクチコミの時代といわれ、［AISAS］（Attention ＝注意→ Interest ＝興味→ Search ＝検索→ Action ＝行動、Share ＝共有）も、これは、既に紹介した、マクガイアの「コミュニケーションおよび説得プロセスのアウトプット分析」や、カトリップ、センター、ブルームの三者によるモデル、「PR プログラムの評価のための段階」などに似ている。どの段階までどれぐらいの人たちが到達しているかを示すもの

である。

　社内報については社内報にアンケート調査の用紙をはさみ記事ごとの評価を調べることができる。社会貢献活動や施設見学会などのイベントでは、実施件数や参加人数、参加者へのアンケート調査を実施している企業が多い。このほか、例えば、社長メッセージの理解度、それに基づく自分の行動の変化の調査も考えられる。

　また、広告費換算のような効果測定は、本当の効果測定といえるかは疑問視する声もある。いずれにせよ、社内に広報業務の意義をわかってもらうために行っているような側面がある。役員や他部門から広報が評価されるには、成果を「見える化」する必要がある。中には危機管理のように、表面化させないことが成功となる広報活動もある。こういうケースでは、広報担当役員や広報部長が役員会議できちんと社内にアピールし、広報活動の成果を理解してもらうしかない。

　ほかの事業と同様に、広報活動も PDCA サイクルを回し、より効果的・効率的に広報活動を展開することが重要だといわれるが、PDCA は回し方が問題だ。PDCA を回すためには、まず P（プラン）が重要だ。年間の広報戦略や達成度が測れるような目標をどう設定するかがスタートとなる。

　経済広報センターが実施した調査の「広報活動における目標設定状況」を見ると、2014年調査では、「（月10件記者発表をするなど）プロセス目標」を設定している企業が30.8％、「（メディアへの掲載数などの）アウトプット目標」を設定している企業が46.6％、「（企業イメージランキングの上昇などの）成果目標」を設定している企業が27.8％、「特になし」も34.2％に上った。目標が設定されなければ PDCA は回せない。また、ここまで『広報・PR 効果は本当に測れないのか？』を引用して紹介してきたように、広報の効果測定は、単にアウトプット分析にとどまらず、幾つもの段階を上がっていくものでなければならない。あまりに短期的・目先の目標を設定し、PDCA を回していると、広報活動が小さくまとまってしまい、広報の本来のあるべき活動の追求にならなくなってしまう懸念がある。短期的でなく、しかも、年2回程度、広報活動を振り返りで改善できるレベルで PDCA を回せれば、広報活動が改善・修正されていくだろう。

一方、広報部員の業務をどのように評価すればよいのか。目標を設定している企業のうち、その多くが「メディアへの掲載数」を採用している。しかし、「アウトプット目標」は、発表当日のほかのニュースにより、掲載のボリュームが左右されるので、部員の業務評価に向かない面もある。また、あまりマスコミに報道されない企業にも向いていない。

　これに対して、「月10回記者に接触する」「リリースを月に2本書く」といった「プロセス目標」を採用すれば、部員の努力に報いることができる。いずれにせよ、部員の業務評価は、部員のモチベーションを高めるものでなければならない。

　また、フェイスブックやツイッターなどのSNSの効果測定は、報道分析よりも容易だ。ターゲットとなる層にダイレクトにリーチでき、ツーウェイコミュニケーションをすることもできる。もっとも、数が少ないのが難点だが、「いいね！」「コメント」などを見ると、どのような反応をしているかの質を知ることができる。さらにSNSの場合、既存のマスコミの報道の効果測定と異なり、「露出」に加え、その情報がいつまでも「蓄積」され、容易に検索できるといるという面もある。

　ただ、ウェブによる反応は、一般市民の反応（世論）と全く異なることがあるので要注意である。「政治に何を望むか」の世論調査を見ると、「景気の回復」「給与アップ」「生活の安定」などが上位にきているが、ネットでは「原発」や「防衛問題」に反対する人たちの声ばかりが目立っている。こうしたメディアの特性を理解した上で、社会の「反応」「行動」「意識の変化」を把握するならば、情報収集に役立つだろう。

　また、ネットに群がる人たちは企業とエンゲージしたがったり、パートナーになることを望んでいる。群がる人たちが連帯して行動を起こすこともある。SNSは、企業に積極的に関わろうとする人たち、感情で判断しようとする人たちが関与していることもある。だが、生活者が企業をどう判断しようとしているかのヒントがそこにはある。自動車会社がクルマ好きを囲い込み、議論を自由に交わしてもらう場合などに適している。

　電通PRは、広報力を次の8項目に分類している。これらの能力があるかを評価しているのである。

①情報収集力（自社や業界・競合に対するメディアの評判や、ステークホルダーの動静などについて収集・把握する能力）

②情報分析力（収集した情報に基づき、自社の経営課題を洞察する力と、それを組織的に共有する能力）

③戦略構築力（経営課題に対応する広報戦略の構築と、ステークホルダー別の目標管理、見直しを組織的に実行する能力）

④情報創造力（ステークホルダーの認知・理解・共感を得るために、メディア特性に合わせたメッセージやビジュアルなどを開発する能力）

⑤情報発信力（マスメディアや自社メディア・ソーシャルメディアなどさまざまな情報発信方法を複合的にタイムリーに駆使する能力）

⑥関係構築力（重要なステークホルダーと、相互の理解・信頼関係を恒常的に高めるための活動と、実行する組織能力）

⑦危機管理力（自社をとりまくリスクの予測・予防や、緊急事態に対するスキルを維持・向上する組織能力）

⑧広報組織力（経営活動と広報活動を、一体的に行うための意思決定の仕組み、会議体、システム整備などの水準）

この8つである。

5. 広報の最終目標は「行動変容」

さて、私は、広報活動の効果測定は6カ月ごとの「振り返り」だと思っている。これを社内に認識してもらうことが広報部門の評価につながると思う。

例えば、

①広報業務に対する経営者や役員の理解が深まったか、

②6カ月前までの広報課題をどう克服したかを説明できるか、

③ステークホルダーが会社にどのような観点で何に関心を持っているか、持とうとしているかの変化を説明できるか、

④伝えたいメッセージを伝えたい人に発信できたかの成果。ターゲットを絞ったマスコミの露出、ステークホルダーとのコミュニケーションができたか、

⑤新しいトピックスをどれくらい発掘できたか、

⑥オピニオンリーダーリスト、メディアリストはどれだけ充実できたか。メンテナンスできたか、

⑦経営理念や経営方針をどれだけ社員が"自分ゴト化"できたか、それによってどのような変化・変革が見られたか、

⑧広報部門が"情報のハブ"となっていると思われるか。情報を整理し分かりやすく伝えられたか

⑨企業のメディア化（ダイレクトコミュニケーション）が進んだか

⑩費用削減、効率化、財務体質改善に広報がどう貢献したか

⑪損失を被る危機を回避するのに何をしたか

こうした振り返りポイントは会社の事情に応じて、それぞれ設定すればいい。もちろん、こうした振り返りが社内でコンセンサスを得る必要がある。また、営業や宣伝・広告、マーケティング部門と連携して戦略的な対外的コミュニケーション、社内では人事、総務と連携してインターナルコミュニケーション、インターナルブランディングを行い、ビジネスに貢献しているか、これら非財務的価値がどのように財務的価値向上に貢献しているかといった観点で評価できないだろうか。

　企業にはさまざまな状況・局面がある。経営改革をしなければならない時期ならば、その方針がどれだけ社員に伝わり、意識改革につながり、どのような行動変容を生んだか。社内が沈静化している時期ならば、広報・コミュニケーション活動がどれだけ社内の活性化に貢献したか。組織のタテ割が問題となっている時期であれば、社員の行動が「部分最適」から「全体最適」に変化したか。このようにその時の状況で、広報部門がしなければならないことは異なるだろう。広報の最終目標は、社員をはじめとするステークホルダーの「行動変容」である。それにどのように貢献したかで広報活動の価値が決まる。

（佐桑　徹）

【参考文献】（第1章～第6章）

井上礼之 [2013]『世界で勝てるヒト、モノづくり』日経ビジネス

岩田松雄 [2013]『ブランド　元スターバックスCEOが教える「自分ブランド」を築く48の心得』アスコム

経済広報センター実施「第一回～第十二回企業広報に関する意識実態調査」

『月刊『経済広報』』経済広報センター

ケネス・J・ガーゲン他著、伊藤守監訳 [2015]『ダイアローグ・マネジメント』ディスカヴァー21

斎藤環著・訳 [2015]『オープンダイアローグとは何か』医学書院

佐桑徹編 [2004]『図解で分かる部門の仕事　広報部』日本能率協会マネジメントセンター

社会情報大学院大学編 [2016]『広報コミュニケーション基礎』宣伝会議

トム・ワトソン他著、佐桑徹他訳 [2007]『広報・PR効果は本当に測れないのか？』ダイヤモンド社

日本能率協会編 [2014]『開放型組織をつくるマネジメント』実業之日本社

日本証券アナリスト協会編 [2017]『企業・投資家・証券アナリスト　価値向上のための対話』日本経済新聞社

中原淳、長岡健 [2009]『ダイアローグ　対話する組織』ダイヤモンド社

宮澤節夫 [2017]『伝わる言葉に"文章力"はいらない』SB Creative

第 II 部

企業価値を高める
メディア対応と危機管理

第7章
企業価値を高める
メディアリレーションズと対応実務

1. 日本では重要なマスメディアへの対応

　パブリックリレーションズは組織が特定のステークホルダーに対し、ある目的を持って行うコミュニケーション行動であり、多くの場合、相互理解と信頼関係を構築し、共感と合意を得ることを目的とする場合が多い。しかし、漠然とした不特定多数を念頭に置いた一方的な情報発信や説明では、効果は限定的となる。特定のステークホルダーに最も影響力のある人々にターゲットをしぼり、それはどういう属性も持つ人々なのか、その人物像についていくつかのタイプを想定し、さらにその層のパーセプションや態度や行動に変化を与えるメディアについても検討を加え、戦略的に決定することになる。

　今日、ツイッターやフェイスブック、インスタグラムなどのソーシャルメディア（SNS）、ヤフートピックスに代表されるネットメディアが一般生活者やステークホルダーに与える影響は、日本でも大きくなりつつある。メディアが多様化する中で既存マスメディアの影響力は相対的に低下しつつあるとはいえ、今なお、日本の組織の広報活動、いわゆるコーポレートコミュニケーションの場合、最も重要な対象はマスメディアということになる。

　新聞、通信社、NHK をはじめとしたテレビ番組などのマスメディアは、日本で多くのステークホルダーに最も信頼されており、企業の場合、効果的な記事露出の積み重ねが、企業価値向上につながってゆく。

　マスメディアを対象にした広報活動は、特定のステークホルダーとのリレーション活動とはやや異なる。例えばステークホルダーとして株主を例にとると、株主総会の開催や株主通信の発行、株主優待制度など、最終対象者である株主や投資家に直接、コミュニケーションをとるインベスターリレーションズ（IR）の活動となる。しかし、マスメディアへの広報活動の場合はメディアで記事を書く記者や編集者が一義的な対象であるが、彼らは広報活動の主体であ

る組織が、最終対象者として関係を構築したい人々ではなく、あくまで介在する役割としての対象なのである。組織が訴求したい対象、つまりターゲットのステークホルダーは記者が書いた新聞記事を読む読者、テレビの場合は画面を通じて企業の発信した情報を観る視聴者の中に存在するということになる。

（1）パブリシティ活動とメディアリレーションズ

マスメディアが記事として報道する、あるいはテレビ情報番組が「面白い話題」として紹介する場合も、報道・放映するためには、「報道するに値するニュース価値」が必要である。記者たちは日々、ニュース価値のある情報を探し求め、読者・視聴者に伝えたいと考えているが、一方で、行政機関や企業からも日々多数の情報（例えばプレスリリース）がメディアに提供されており、某経済番組のプロデューサーによると「リリースはメールだけで1日200件くらい来る」という。そのような中から、「これは紹介する価値がある」と判断された情報が、追加取材されたり、他の情報と組み合わされたりしながら、紙面や番組で紹介されることになる。「新聞の記事面で7、8割は官庁や企業から情報提供されたものだ」という編集幹部もいる。つまり、企業の場合は自らの企業活動の目的達成のため、情報発信の主体となってステークホルダーに有効な情報を届け、良好な関係を築こうとしていると考えられる。

このように、組織が活動するうえで発生した情報（ニュース）を、広報がメディアに提供し、メディア自身の関心で自主的に報道してもらう活動を「パブリシティ活動」と呼ぶ。なお、情報提供の主体としては、少しでも自らにメリットのあるニュースとして扱ってもらおうと、戦略を練ることになるが、メディアに提供する情報には、社会性、公共性、公益性がなければならない。

プレスリリースの発信、記者発表会、取材協力、インタビューのアレンジといった、スタンダードな広報手法だけでなく、インターネットを活用した記者会見などを通じて、メディアの理解を得てニュースとして報道してもらうパブリシティ活動は、企業が自らのサイトや広告活動で自由に発信するのではなく、第3者であるマスメディアを介在させ、メディア各社の責任において報道してもらうことに大きな特徴がある。

パブリシティ活動を行う上での注意点は、

①取材するしない、報道するしないはメディア側が決め、報道の内容や時期についても情報提供側ではコントロール不可能であること
②提供する情報は嘘や誇張のない事実であり、社会性、公共性、公益性といったニュース価値が必要であること

　ところで、最近では、「パブリシティ」という言葉は広報の実務家の間では使われなくなってきている。変わって、使われているのが「メディアリレーションズ」という言葉である。

　これは、「パブリシティ活動」のように単に記者に「（できれば好意的な）記事を書いてもらうこと」ということではない。報道機関の立場や組織・記者の特性をよく理解し、一人ひとりの記者と、相互に理解しあい誤解を生みにくい長期的な信頼関係を築いていくことが基本のメディアリレーションズと定義しておきたい。

　企業の場合、自社の記事につながらなくても、業界動向や社会動向など自社以外の話題について情報交換できること。「オフレコ」が前提の本音ベースの意見を交換しあえる、ひと対ひとの誠実な付き合いが望ましい。また、企業不祥事での広報対応では、たとえ短期的にはレピュテーションにダメージを与えるとしても、逃げたり嘘をついたりすることなく、情報開示を原則として誠実に対応できるかということでもあろう。

　メディアリレーションズが効果を発揮するためには、担当記者との数カ月以上のコミュニケーションが前提となることから、コーポレート広報担当者、報道対応担当者のパブリックリレーションズ活動は、自社及び業界を担当するマスメディアの主要記者とのメディアリレーションズが活動の中核となっている。

　経済広報センターの会員企業への調査（2015年版）では、「本社広報部で対応している広報活動は？」（複数回答）の問いに対し、99.6％の企業が「報道対応」を挙げ、メディアリレーションズともいえる活動が広報部の活動項目としてはトップなのである。この調査は「企業広報活動に関する意識実態調査」として3年ごとに同センターが調査しているものだが、1980年の調査開始以来、広報部の役割としては常に「報道対応」がトップであり、このことからも日本企業のメディアリレーションズの重要性が分かる。

第7章　企業価値を高めるメディアリレーションズと対応実務

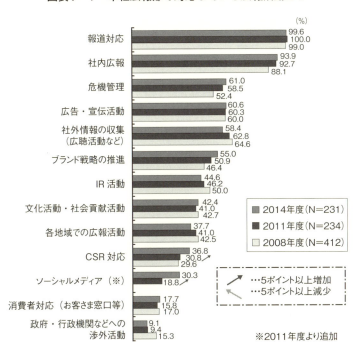

図表7-1　本社広報部で対応している広報活動は？

（出所）『第12回　企業の広報活動に関する意識実態調査』（経済広報センター）

　筆者はかつて米国大手の広報会社の日本法人で、いくつかのプロジェクトを一緒に手掛けたが、米国の多国籍企業やグローバルな広報会社では、日本と比較するとメディアリレーションズ業務に比重を置いていない。国によって国民性など事情の違いもあるが、インターナルコミュニケーションズやコミュニティリレーションズなど、企業が重要と考える個別のステークホルダー向けの様々な施策の優先度が高い。近年、BtoC企業では特にSNSや動画を活用したデジタル広報業務に軸足を移し個人と直接つながる施策を模索している状況だ。
　日本は欧米とは異なり、既存のマスメディアが発達しており、ニュースは比較的短時間に多くの国民に広まるといえよう。ネットを含め、マスメディアからの情報への接触時間は少なくない。情報の確度や信頼性も高いなど特有の歴史を持っている。米国の広報専門家からはしばしば「日本の広報活動はメディ

83

アリレーションズばかりで、米国に20〜30年遅れている」などと揶揄されてきたが、これはさほど変わっていないように思う。

（2） 世界的にも類を見ない新聞大国の日本

　ではなぜ、日本のマスメディアの影響力はここまで強いのだろうか。まず、他国との比較だが、他の先進国では日本のように数百万部を発行する全国紙は存在せず、影響力が限定しているといえる。イギリスやフランスは階層社会であり、このため、高級紙と大衆紙が明確に分かれ、階層によって読者層も異なる。米国、ドイツは地域密着型のブロック紙が多く、各紙の発行部数は日本の大手新聞の10分の1にも満たないため、影響力は必ずしも高くない。

　日本の場合、全国紙（朝日、読売、毎日、産経、日経）5紙や通信社に支えられている約70のブロック紙・地方紙に加え、NHKおよび上記全国紙とも

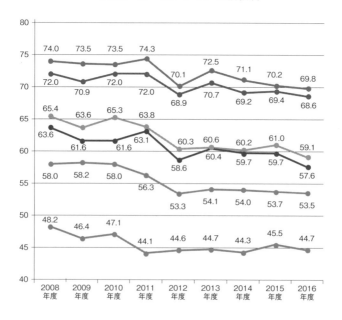

図表7-2　各メディアの信頼度

（出所）財団法人新聞通信調査会（2016年10月）

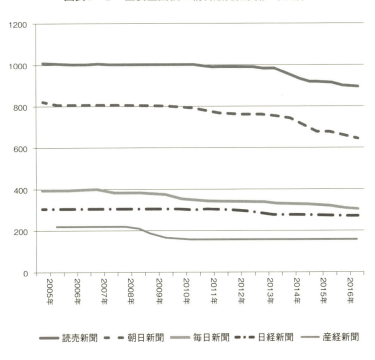

図表7-3　主要全国紙の朝刊販売数変移（万部）

（出所）日本新聞協会の資料からエイレックス作成

資本関係を持つ民放5局のテレビ局ネットワークが全国をくまなくカバーしている。2013年のデータでは有料販売新聞数では世界一位で、新聞購読率は成人人口の42.4％に上る。この数値は米国では16.1％、ドイツや韓国では25％前後で、日本人は突出して新聞が好きな国民なのである。これは日本独特の宅配制度も大きく影響しているとされる。さらに、報道機関のクオリティも高く、国民からの信頼も厚いという特徴を持つ。

マスメディアの信頼度を調査している公益財団法人新聞通信調査会の2016年度の調査では、「全面的に信頼している」を100とすると、NHKは69.8ポイント、新聞については68.6ポイントと高い数値が出ている。この調査では毎朝新聞を読むと答えた人は70％で、他の先進国に比べても新聞が読まれている。

米国ではどうか。米ギャラップ社の世論調査（2016年9月）によると、「マ

スメディアは正確で公正な報道をしている」と回答した人が32％である。同調査では1997年は53％であり、著しく低下している。

やや古いデータだが、2005年の国際比較調査では「自国の新聞・雑誌について信用しているか」と聞いたところ、日本72.5％　米国23.1％　英国13.4％　ドイツ28.7％　フランス38.5％　カナダ33.0％　イタリア24.7％　ロシア35.9％ということである。日本のマスメディアは、高い信頼性を持っている。

ちなみに最近の調査では、米国成人の44％が、ソーシャルメディアでニュースを見ているという。SNSの影響力が既存メディアよりも高くなりつつある。

さて、先進国では、新聞媒体の発行部数は減少傾向にあり、日本も同様の傾向で、1年でほぼ100万部の発行部数が減少しつつある（2017年日本新聞協会調べ）。

そのような中、例えば日本経済新聞社は日経電子版と呼ばれるデジタル化に力を入れ、有料会員数は2017年1月、50万人の大台を超えた。273万部（2017年、日本ABC協会調査）の購読部数を維持しつつ、スマートフォンなどの携帯端末ユーザー、女性層を取り込み、変化に対応していこうとしている。

日本の新聞業界は購読者の減少が避けられず、大きな転換点にあることは間違いないが、世界の中では全国規模でこれほど大部数の日刊紙が複数発行されている国は日本だけであり、遅ればせながらデジタル化への対応も始まり、日本の新聞大国の地位は揺らいでいない。

（3）新聞メディアの影響は大きく広報対象としても重要

経済広報センターの調査によると、日本人が企業を評価する際の情報源としては、「新聞（紙面）」（77％）、「テレビ」（64％）が突出して高いことが分かる。世代別（図）で見ると、「新聞（紙面）」「テレビ」「雑誌・書籍」では、世代が高くなるほど利用が高くなる傾向が分かる。20歳代が「テレビ」53％、「新聞（紙面）」45％としたほかは、すべての層で「新聞（紙面）」がリードしている。40歳以上では顕著となっている。（40歳代「新聞（紙面）」69％・「テレビ」54％、50歳代「新聞（紙面）」76％・「テレビ」64％、60歳代「新聞（紙面）」87％・「テレビ」69％、70歳以上「新聞（紙面）」94％・「テレビ」77％）。一方、「新聞（ウェブ版）」では世代が低くなるほど利用が

第7章　企業価値を高めるメディアリレーションズと対応実務

図表7-4　企業評価の際の情報源（全体・世代別）

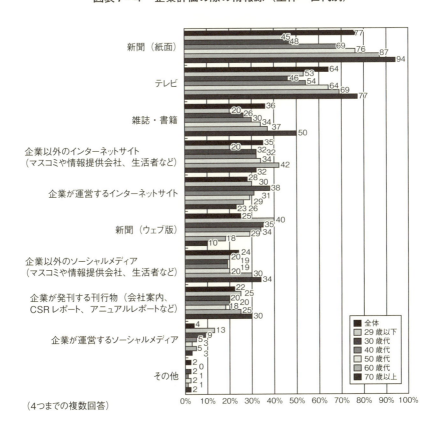

（4つまでの複数回答）

（出所）『生活者の企業観に関する調査』（経済広報センター、2017年2月）

高くなっている。

　このように、日本では全国紙、通信社、NHKなどの報道機関の信頼性、影響力は高く、報道された記事・報道は読者・視聴者の目には、メディアがニュースとして選択した情報として映っている。客観的な立場の第三者としてのメディアが報道した記事や情報は、高い信頼性を付与されたものになっている。

　このため企業広報分野では、これらの主要な報道機関への情報提供、取材協力を行い、少しでも自社の活動を紹介してもらおうとしている。

　また、日本特有の事情として記者クラブ制度があり、全国の行政機関、中央

官庁、民間業界団体などに記者クラブが置かれ、主要報道機関が席を置いている。記者クラブ制度は、長年情報を独占する排他的な組織などといわれてきたが、徐々に規制が緩和され、日本新聞協会以外の報道機関にも解放されてきている。特に大手企業の広報活動は、この産業別の記者クラブとのリレーション活動が広報活動のベースであった。

■ 2. メディアリレーションズと広告

　メディアリレーションズによる報道（パブリシティ記事）も広告も、企業がメディアを活用してステークホルダーに情報を提供する機能としては同じである。

　かつてはパブリシティ活動を広告宣伝活動と位置付け、パブリシティによる記事を「無料の広告」という捉え方もあったが、本来は全く異なる機能と効果を持つものである。ここでは、広告とパブリシティ記事の違いについて確認しておきたい。

（1）表現内容・掲載面

　広報活動による記事掲載は、報道部門の編集部の記者が取材し、書く。このため、客観的事実でなければならない。企業側が自由に表現できるものではない。広告はスペース、時間を購入するビジネスであり、広告主は社会倫理に反さない限り情報（広告）の内容は自由だ。主観的で情緒的、感情的なイメージ訴求もできる。しかし受け手である読者、視聴者も広告はスポンサー企業がいて、発信主体であると理解しているのである。

　メディアは編集権の独立がベースにあり、編集権は守られている。有料の広告スペース、CM枠と編集・報道枠の区別は極めて明確になっている。

（2）注目率・印象・信頼性

　メディアリレーションズの結果である記事、テレビの報道は広告料など金銭のやり取りはない。企業が素材として提供した情報のニュース価値をメディアが独自に判断し報道したものだ。読者・視聴者も広告と違い、メディアが情報

図表7-5 広告・宣伝とパブリシティの違い

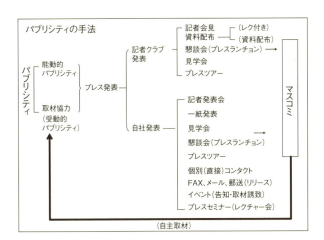

(出所) 篠崎良一氏作成

を選択し、事実確認し各報道機関の責任で報道した、と受け止めている。このため、広告やCMは見過ごされてしまいがちだが、記事面（パブリシティ）の注目度は高く、客観性があるとみなされており信頼度も高い。

(3) 反復性・掲載日の指定・コスト

広告は、客観性や信頼度では報道にはかなわない。しかし、広告料さえ払えば、自由な内容で掲載日や放映日を指定して計画的に繰り返して伝えることができる。一方、パブリシティはニュースであるため、基本的に報道は1度であり、いつ掲載になるか、放映されるかなどの指定は不可能である。広告は相当のコストがかかるが、パブリシティは情報提供であり、コストはほとんどかからない。パブリシティと広告は一長一短であり、目的や戦略に応じて有効に活用する必要がある。

3. メディアリレーションズの基本

メディアリレーションズの中心的活動は重要記者との信頼関係構築と並んで、メディアへの情報提供活動である。企業がメディアに提供する情報は、社

会性、公共性、公益性を踏まえたうえでニュース性がありメディアの関心をよぶものであることが必要不可欠になってくる。例えば、企業の新製品開発担当者や広報担当者が高いニュース価値があると思っていても、メディアが興味を持たず、報道に値するニュース価値がないと判断されれば、ボツになってしまうだけである。では、メディアリレーションズの成果を大きく左右する、「ニュース価値」とはいったいどのようなものなのであろうか。

（1）ニュースとして書いてもらうには

　ニュースとして、書くか書かないかは一言でいえば、記者の頭の中で「面白いと思うか面白くないと思うか」なのだ。新たな製品やサービスを開発した場合に、記者会見をして記者に説明することがあるが、出席した記者が多忙な場合は、ニュース性がないと判断されると参加していても時間の無駄となり、席を立ち会場を出る場合もある。よほどの重要なニュース以外は多くの場合、一人の担当記者の裁量、価値判断に任されているのである。中には、出席した記者が記事を書いたにもかかわらず、本社にいるデスクが、「この原稿にはニュース性がない」と判断したり、その日のニュースが多い場合も、相対的に価値がないとみなされボツになったりすることがある。

　ニュース価値を判断するのは、まずは現場の記者とその上司のデスクだが、「このニュースは読者・視聴者が興味を持ち関心を持たれるか、読まれるか」、また「知らせる必要があるか」、といった点で判断されている。つまり、広報担当者は、例えばビジネス雑誌であれば過去の特集の取り上げ方にどのような傾向があるのか、など雑誌自体をよく研究しておく必要がある。また、その雑誌の読者層についても把握しておく必要がある。企業の管理職が読者に多いビジネス雑誌に、主婦向けの企画を持ち込んでもニュース価値があるとは判断されないため、視聴者像をよく理解しておく必要がある。

　中には、読者・視聴者の関心が高くないニュースもあるが、世の中で起きているニュースをきちんと知らせる、社会を正しい方向に導くために知らせるという役割もある。

　広報担当者がニュースを考えるとき、まずはそのメディアの読者・視聴者にとって関心の高いものであること、必要とされる情報であるかが重要で、中に

はジャーナリズムの使命として伝えなければならない情報があるのだ。

　全国紙、地方紙、一般週刊誌、ビジネス誌、テレビ番組、専門業界紙、さらにオンラインメディア、そのほかにも多数ある。メディアは多種多様であり、その読者・視聴者の関心も千差万別である。全国紙ではニュースにならないことでも、業界関係者に関心の高いテーマであれば、業界専門誌では大きく扱われ大きな話題になる。ニュース価値は、多数が関心を持つ重大なニュース以外は、誰が受け手になるかで、変わっていくのである。

（2）ニュースとは何か
①事実であること、新しいこと
　「NEWS」の語源から考えてもわかるように、ニュースは基本的に新しいこと、新しさが基本である。新商品の場合でも、すでに広告として掲載されている場合は、ニュースとはならない。そして必ず事実である必要がある。ウソやデマ、事実と異なることはニュースとはいえない。

②人間性と社会性
　人間の命に関する問題、特に大きな事故、貧困問題、病気を抱えながら前向きに生きる人々のニュースなども、読者・視聴者に考えさせる。「社会性」は、社会的な影響力があるか、社会問題として人々が関心を抱くか、そして時代を反映した出来事か、といった視点になる。

③地域性
　最もニュースが多く紙面競争が厳しいのは東京、つぎに大阪、名古屋、福岡となる。同じイベントでも東京で行うよりも地方都市で開催することで、地元では話題になる。

④記録性、希少性
　特にプレスリリースを書くときに意識しておきたいが、最も大きい、小さい、早い、美しい、最高、最低といった記録性、日本初や世界初ということがあればニュース性も高い。1番・NO.1も価値が高い。このほか、新奇性・斬

新性の要素は他の要素に比べニュース価値が高くなる。

⑤知名度、ブランド力

中小企業よりも大企業、よく知られた企業の活動や有名人、著名人が行動を起こしたり会見に登場したりすることでニュースの扱いは大きくなる。ポジションが高い有名な人物が会見に出るかどうかでもニュース価値が変わるのである。

⑥独自の報道か、発表モノか

現場記者は日々、スクープを狙っていると考えていい。1社だけが特ダネでニュースを独占的に報じるときは、例外なく大きな扱いとなる。同じニュースでも、リリース発表のように同時発表では、各社横並びとなるため、扱いは小さなものとなる。

（3）メディアリレーションズを行うにあたって注意すべきこと

何がニュースか、何がニュースにならないかといった、記者目線、メディア知識が広報担当者には不可欠であるが、次にメディアリレーションズで必要な知識として、記者気質や特性の理解、さらに記者・編集者の立場と具体的な仕事の進め方、時間感覚を知っておきたい。

①迅速な対応を心掛ける

記者にとっての締切りは記者の仕事で他に代えられない最も重要なものである。大ニュースのスクープ記事を書いても締切りに間に合わなければ記者は何も仕事をしなかったことと同じである。記者は毎日、まさに分単位で締切りに追われている。ネット時代においてはさらにスピードが要求されている。当然、広報対応も常に時間を意識した対応が必要になってくる。

②誠実さを大事にする、ミスリードはしない

事実を隠したり、ウソは決して言ってはいけない。メディアの世界は何よりも客観的な事実が重視され、これがなければ記者と広報担当者は相互に信頼し

合える関係が作れない。信頼は誠実なコミュニケーションによって築かれるものである。

　知らないこと、わからないこと、今は言えないことは多い。そうした時、知らないことは知らない、わからないことはわからない、とはっきり言わなければいけない。また、いつになれば回答できるかを伝えることで、誠実な対応となる。

　万一、間違いがあれば、直ちに訂正しなければならない。記者をミスリードすることは、広報担当者なら容易にできるが、誇張した表現や事実を曲げるような発表でミスリードすることは許されない。記者をごまかすような発表をする企業は、メディアから二度と相手にされないし、激しい批判に直面することになる。

③公平公正な発表を

　すべてのメディアを平等に扱うことは不可能なことであり、公平公正な発表は大変難しい。どのメディアも重大ニュースを自社だけが書けず落としてしまった場合は、担当記者の評価につながり、問われる責任は重い。媒体の知名度・影響力や記者との関係の強さなどによって、タイミングや情報量で差別すると、とくに重大なプレス発表の場合は記者の強い怨念を生むことになる。

　日常的に取材に熱心な記者や、関係が密接なメディアなど特定のメディアだけを毎回優遇していると思われてはならない。極端な優遇措置を特定のメディアのみにすることは、他のメディアからの強い反発を生み得策ではない。

　記者・編集者は同じ社内でも競争していることがあり、個々の記者は絶えずスクープを狙っている。こうした競争状況を考えれば、取材時に他のメディアの動きを話すことは、決してあってはならない。

④消費者を欺く行為は厳禁

　ステマとは、金銭など何らかの見返りを受け取った者が、第三者を装いその企業との関係を隠しながら好意的な記事を掲載するなど、いわゆる「サクラ」という手法の一種である。

　近年、「ステマ」（ステルスマーケティング）行為に関心が集まり、特にネットメディアでは厳しく批判されている。消費者に影響のあるインフルエンサー

に依頼して行われることもあるが、「ペイドパブ」であるにも関わらず「広告」の表記がない記事は消費者に優良誤認を導く可能性がある。ノンクレジットのタイアップは行うべきでない。

日本国内では消費者庁が、景品表示法に抵触する可能性を示す程度にとどまっているが、欧米など先進国の中には明確に法によって禁止されている国も存在する。

⑤自社をよく理解し、情報が集まる仕組みを作っておく

メディアリレーションズは広報担当者と担当記者が相互に認め合い、互いの立場や任務も十分理解したうえで、信頼関係の上に成り立つものである。広報担当者が記者から頼りにされるためには「今後、付き合って有益だ」と記者に感じてもらえるか否かが大切である。広報担当者がマスメディアの役割や意義、記者の特性や自社のことをよく知らなければ、記者との関係を構築することは難しいだろう。できれば、広報部門はトップと直結していることが望ましい。自社の戦略の理解や経営情報を持っているとともに（記者に言えないことも当然あるが、全く知らないで対応するのとでは大きく違う）自社で手掛ける事業に詳しいことも大切だ。社内にも幅広く人脈を持ち、情報が集まる仕組みを作っておきたい。「わが社の強みや特徴はこう」、「わが社はこういう考え方で社会に貢献している」──。自社だけでなく競合はじめ業界全体、関連する市場について、深い知識と客観的な分析力を持っていることが望まれる。

⑥求められる記者目線、ニュースの提案力

例えば、本社移転の発表をする場合も、多くのニュースの中に埋もれてしまうような一般的なリリースでは、ニュース価値がないと判断されてしまう。本社移転の背景には何があるのかを創ることも必要になる。在宅勤務利用者の増加、イクメン社員の増加などの働き方改革は？女性社員の比率が上がってきている事実は？トップの社員を大事にする熱い思いは？フリーアドレスの導入は？など、社内にあるファクトと結び付け、本社移転のニュースをどう紹介すればメディアが面白いと考え、ニュース価値が高まるかということである。どのような話題を創っていくのか、という、記者目線での発想である。

取材したいと依頼してきた記者に対しても、記者が今何を求めているのかが判断でき、メディアの求めに応じて迅速に的確なスポークスパーソンや情報、素材を提供できることは当然として、ニュース素材の価値をさらに高めるようなストーリーの提案やそれぞれのメディアの特性に応じた情報の加工を一緒に考えるのである。自社が打ち出したいテーマに沿って、戦略的な企画（ネタ）の提案ができるようになると、より一層記者からの信頼は厚いものになる。この場合の戦略的な企画とは、自社の広報戦略にもとづいたキーメッセージを含むものである。何れの場合も、提案する情報に社会性、公益性はあるか、を忘れないようにしなければならない。

⑦記者の気質を理解する

経済部記者の不満で多いのは、「社長取材を申し入れても、取材が入らない。広報部が会社の中で重要視されていない」「質問ひとつでも、回答が来るまでにやたら時間がかかる」「他紙に抜かれた情報を確認しようにも、携帯電話も全くつながらない。つながっても分からないという」「なぜ書かないんだ、記事のニュアンスが違うなど、こちらの編集権を侵害するようなことを言う」などがある。企業が自主的に提供する情報はメディアが報道するに値するもの（社会性、公共性、ニュース性）が望ましい。当然、取材するかどうかの情報選択権、放送するかどうかの編集決定権はメディア側にある。

（4）効果的なニュースリリース

メディアリレーションズでは、メディアに提供する情報を発表する組織が数枚の資料にまとめるが、これをニュースリリースという。

最近では既存メディア用の従来型のリリースの他に、ネットメディア向けの別バージョンのリリースを用意する企業も出てきている。

①ニュースリリースはタイトルが最も重要

ニュースリリースで、最も重要なことは、1枚目、冒頭のタイトルである。記者の手元には、毎日、大量のニュースリリースがメールや郵送で届いており、記者は、まずタイトルを見て、面白くないと思えば、そのままごみ箱へ行

くことになる。

　何よりも、先ずタイトルで勝負することだ。そして本文を読んでもらうことが必要になる。つぎに重要なのは、第一パラグラフで、ここに５行位で重要なことを絞って書く。ネットメディアではネット特有のキャッチーなタイトルを意識したものを別に考えることも必要だ。

②逆三角形のスタイルで

　つまり、ニュースリリースは、結論や重要なことを最初に書く逆三角型の構成が基本になる。

　新聞記事を見るとわかるように、多くの記事は逆三角形の構成で書かれている。結論から先に、一番伝えたい基本情報を冒頭に持ってきて、細かい背景説明や関連情報は下の段落で後から補足する。

③５Ｗ１Ｈを必ず踏襲する

　本文は、基本要素５Ｗ１Ｈの６つを意識して書く必要がある。Who（誰が）、What（何を）、When（いつ）、Where（どこで）、Why（なぜ）、How（どのように）という事実（ファクト）が重要で、足りなければ、記事にはならない。さらにいえば商品リリースの場合は、商品開発の背景、売り上げ目標数値なども記載すべきだ。現状と将来の市場の予測といった、過去、現在、将来に関するデータもあるとよい。

　また、重要なものとして写真などのビジュアルを入れる必要がある。

④ニュースリリースの基本要素

　基本的なフォーマットについて述べておくと、「ニュースリリース」「報道関係各位」などリリースであることを明確に示すヘッダ、発信元となる会社名、日付、見出し、本文、会社概要、問い合わせ先が必須となる。特に、問い合わせ先は、報道関係者からの問い合わせ先はもちろん、必要に応じて一般の読者・視聴者からの問い合わせ先を示した方がよい場合もある。また、ニュースリリースは原則１枚に収めたほうがいい。よりコンパクトに簡潔にまとめることが重要となる。

⑤配布の方法

ニュースリリースの配布方法は記者クラブへの投げ込み、ファックス、メール、郵送が一般的である。内容と相手によって最適な方法を確認する。たとえば、インターネット・メディアに対しては、その速報性を最大限に活かせるようデータで資料を送るといった、相手の視点に立った配慮も重要である。また、ファックスの場合は何十枚も送りつけない、メールの場合は重いファイルを添付しないなど、常識的なところも注意したい。このほか、新聞記者や雑誌の編集部に直接持ち込み、新製品の発表であればサンプル品も一緒に見せながら個別に説明することも有効である。

⑥リリース発表のタイミング

発表したネタがどう報道されるかは、発表のタイミングによるところも大きい。メディア側には、情報が殺到している時期と、逆に素材がなくて困っている時期とがあるのだ。一般に、素材が少ないのは次のような時である。①夕刊：発行部数や配布地域が限られるため、影響力は朝刊よりも小さいが、慢性的に夕刊のネタは不足している。②土曜日、日曜日、月曜日：新聞記者は木曜日、金曜日に取材の予定が詰まっていることが多く、その反面、土曜日から月曜日にかけての紙面は原稿が少ない。③夏、年末年始：夏休みや年末年始など、多くの人が長期休暇をとる時期は、社会活動も停滞し、ネタが少なくなる。この時期は「ひまねた」が使われることも多い。

（5）メディアリレーションズの具体的アプローチ

メディアへの情報提供は、さまざまな手法があるが、ニュースリリースの配布のほかには、情報を開示する手法として、記者会見・記者発表会がある。前述のように日本には独特の記者クラブという制度があり、この記者クラブの加盟社を対象にした記者発表と、クラブを通さず、雑誌やフリージャーナリスト、業界紙などを含めた幅広いメディアを対象にオープンに実施する場合とがある。企業自体が記者発表する自社での発表と、大きく2つのパターンがある。

①記者クラブを活用する方法

　記者クラブは中央官庁や警察署、地方の役所などの官庁系と民間の経済（業界）団体や商工会議所、大企業記者クラブの民間系の2つのタイプがあり全国に約700があるとされる。

　各記者クラブによって加盟社は異なり、基本的に日本新聞協会加盟の新聞（全国紙、地方紙）、TV、通信社が加盟している。

　加盟社の記者が記者クラブに常駐しているクラブもあるが、近年平時は記者がクラブ内に不在の記者クラブもある。クラブは取材の拠点としてだけでなく、実質的に一種の発表や取材調整機関として機能しており、記者クラブ主体に発表する際は、事前に幹事社に相談の上、発表の可否と形式、時間、資料の必要部数などを確認する。この場合、主導権は記者クラブにあり、参加メディアの把握や質問のコントロールなどはできないことが多い。この記者クラブを通じて行う記者発表では、記者会見とニュースリリースを記者クラブの各記者に配布する資料配布、さらに担当者が説明するレクチャー付き資料配布という発表方法がある。

　かつて多くの記者クラブには、資料配布について48時間前までに幹事社に申し込む48時間ルール、申し込みが記者クラブに受理されてから発表までは記者クラブ加盟記者に取材・報道を禁じる黒板協定といったルールがあったが、ニュースの独占などの批判もあり徐々になくなりつつある。

　記者クラブでの発表は業界担当記者が一堂にいるため、広報担当者としては大変便利でメリットも多い一方、さまざまな制約、ルールもありデメリットも指摘されている。

②記者クラブを通さない発表、自社主催の発表

　記者クラブを通じて行う記者会見の場合は、記者クラブが主催という形をとるため、例えば、今でも業界紙や海外メディアが参加できない、できても質問できないルールがあったりするなど、さまざまな制約がある。このため、記者クラブ以外のメディアも含めてオープンに発表したい場合、ホテルなどで行う企業自らが主催する「記者発表会」という発表形態を選択することになる。

　プログラムには、発表案件について説明するプレゼンテーションのほかに、

必ず質疑応答の時間を十分にとらなければならない。

　日常、記者クラブ発表が中心になっている伝統的大企業でも、記者クラブでまず記者会見を実施し、その後に自社主催でオープンな記者発表会を開催することもある。会見・発表会を実施する目的と、発表する内容に応じて事前にシナリオを組み立て、もっともふさわしいスポークスパーソンを立てる必要がある。

　積極的なアプローチをしなくても取材が入る大企業や注目企業でなければ、継続的で積極的、能動的なメディアリレーションズの積み重ねが、記者の関心を高め、取材、掲載につながる。

　広報活動は、能動的な活動を重ねることで、メディアから取材が多く入ることになり、取材が取材を呼ぶようになれば、循環活動になっているといえよう。

③プレスイベント

　記者会見・記者発表会よりも情報交換の意味合いを強めた記者懇談会や、マーケティングコミュニケーションに寄ったプレスイベント、最近では、有力ブロガーなどを招いたイベントを行うこともある。その場合は、お昼の時間にかけて昼食を用意したり、トレンドのレストランや注目のスペースを会場として話題性を高めたり、ゲストや演出によって画作りを心がけたりする。なお、他に職を持つ一般のブロガーを招くのであれば夜の時間ということになる。

④記者懇談会

　記者懇談会の場合、ターゲットを比較的少人数のキーメディアのみに絞り、より深く丁寧にコミュニケーションをとることで記者の理解促進やリレーションの構築を図る。この際は、広い会場で登壇者と参加メディアが向かい合うスクール形式ではなく、同じテーブルについてフランクに話せるような口の字スタイルをとることが多い。また、昼食を用意する場合は、着席のままワンプレートランチやお弁当などをサーブする形式と、スペースを移しての立食形式が考えられるが、それぞれにメリットとデメリットがある。一般に記者には、社長なり役員なり話を聞きたい人に自由に声をかけられる立食形式が好まれるが、広報担当者としては、スポークスパーソンがそれぞれ記者に囲まれてしま

うと、そこで何が話されたか把握するのは難しくなる。この様な場合もブロガーへの参加をお願いできるが、メディアはメディア、ブロガーはブロガーの会とし、分けて行うなど考慮する必要がある。

（6）取材への対応

①取材を受ける際の注意点とは～インタビュー前の準備は慎重に

　企業にとってメディアに取り上げられるチャンスは、それがベタ記事であれ、トップのコメント数行であれ、重要でないということはありえない。可能な限りインタビュー依頼には応じていきたいが、広報のメディア対応のまずさや準備不足は多くの場合、記事の内容やボリューム、記事のトーンに影響を与える。最悪の場合、実態と異なる記事となりビジネスやレピュテーションにダメージを与えることもある。

　以下、戦略的メディア対応の一例としてインタビュー取材の申し込みが来た場合の対応とその準備について、注意点を挙げる。実際、メディアから取材依頼があった場合、初期の段階では広報部員が対応することがほとんどで、また、会社の規模や業務内容、取材のための準備にかけられるスタッフの時間などによっても対応は異なると考えられるが、広報活動は失敗の許されない仕事なだけに、原点に立ち返って確認しておきたい。

・センシティブな取材依頼には即答しない

　取材したいとメディア側から依頼された際、まったく問題ない場合は別にして、その場ですぐに即答せず、いったん社内で検討する時間を取ったほうがよい。特に初めての記者やテレビ局のディレクターの場合で、内容が微妙だと思われる取材は、直接会って取材意図を聞くことだ。その上で、十分検討し取材を受けるか否かの判断をする。

・電話でのインタビューには注意

　なじみのないメディアの場合、いったん電話を切ってこちらからかけ直すことだ。まず媒体と記者の所在を確認。Ａ社のＢ記者だと確認がとれるまでは、電話などでのインタビューを容易に受けるべきではない。時事問題や事象に関してトップのコメントを求められた場合も、口頭ではなく書面で短く回答した

ほうが間違うリスクは減る。

・回答の期限を守る

　メディアと付き合う上で、締め切り時間は厳守だ。取材の依頼も回答期限内に可否を（たとえ検討中であっても）確実に連絡する。特にテレビの場合は「できること」「できないこと」を早めにはっきりと言う。「レスポンスの悪い広報、期限を守らない広報」は最悪の広報とされる。

・記者に聞いておくこと

　取材の申し込み時には、誰に、何について、いつ頃、どれくらいの時間をかけて取材を行うのかといった基本的な項目をファックスやメールで確認したい。ただし、信頼関係が構築できている記者はこの限りでもないだろう。記者によっては、「広報が、社長インタビュー程度で企画書をファックスでください、とは何事だ！」と激怒する方もおり、事前に質問内容を広報に明かしたくないということもある。聞けたとしても記者側はすべての疑問に答えてくれるとは限らないし、あくまでお願いなので強制はできないと考えたい。

②取材に来る記者についての情報把握とキーメッセージの用意

　記者が取材したい内容、聞きたい質問などが把握できたら、次に取材に来る記者についての情報を把握したい。さらにスポークスパーソンに記者情報を提供するとともに、このインタビューで何を語るかについて話し合っておきたい。

・事前に記者と会い、面識をもつ

　面識のない記者からトップへのインタビュー依頼があった場合は、広報は事前にその記者と会い、どの程度業界や自社のことについて知識を持っているか、その方の人となりも把握しておきたい。取材を受けることが決まっている場合は、自社について簡単なブリーフィングを行っておきたい。

・媒体や記者の過去の記事を見ておく

　特に取材テーマがセンシティブな場合は、事前に記者が書いた過去の記事や番組があれば必ず見る。取材する側も人間だ。何らかの主義主張があって当然。強く方向性を打ち出しているメディアもある。インタビュー依頼の趣旨と同時にこうした媒体や記者の傾向を事前に把握しておくことで、インタビュー

前に対策を講じることも可能となる。

・スポークスパーソンの選定と Q & A，キーメッセージの用意

　基本的に経済部記者はトップに会わせて欲しいと言ってくるが，すべての案件をトップが詳しく把握しているわけではない。インタビューのテーマによっては，事業担当取締役や部長がふさわしい場合もある。広報担当者は記者に事情を率直に話して，双方のニーズが満たされるよう適任者をアレンジすることになる。

（7）取材を断る場合

　本来は，公平な情報開示と説明責任という観点から，大手メディアから取材の依頼があれば断らずにすべて受けるのが理想であるが，実際にはタイミングの問題や，センシティブな話題のために会社として断らざるを得ない場合もある。その際，第一には取材を受けられない理由について，納得のいく説明をすることだ。ただ，相手には言えない事情がある場合には，記者との関係に影響しないよう注意しながら，丁寧に断る。断り方としては，現在は話せるタイミングではないとして見送ってもらう，答える立場の人間がいない，スケジュールが合わない，などが考えられる。取材を受けるか受けないかは，企業側に決定権がある一方，一旦受けた取材についての編集権はメディア側にあり，事実関係の違いでない限り訂正はできない。受けられない取材，出せない情報は明確にし，厳密な情報管理が必要である。それでも，可能な限り情報を出すのが企業側の説明責任である。取材は受けられなくても，例えば書面回答ならできないか，公式コメントは出せないかなど，代案を考えるのも広報の役割となる。

（8）インターネット・メディアのメリット

　企業の広報担当者の立場で，インターネット・メディアの主なメリットを考えてみると，①新聞や雑誌などの従来の紙メディアと違い，スペースの制限がないこと，②そのメディアのサイトが存在し続ける限り，Web 上に記事が残る場合が多いこと，③速報性，といったところになる。制限のない記事スペースということは，内容がより専門的に深く掘り下げられたものになったり，細かいデータや複数の画像の提供が必要となったりする場合がある。また，関連

する記事のリンクが貼られることも多い。広報・PR担当者としては、記者が記事を書きやすいよう、基礎データから周辺情報までを含めた十分な資料を準備したい。また、トップのインタビュー記事などの場合、発言のほとんどが文字になり、写真もカラーで場合によっては数点の掲載となることもあり、サイトによっては動画での配信が行われることもある。また、ウェブ上に記事が残っている場合、掲載から時間が経過した後も、他のサイトや検索エンジンなどからアクセスされることがあるため、露出の効果が長期にわたる可能性がある。このように有力なネットメディアでの露出は、レピュテーション向上においても有効である。ただし、どのネットメディアを活用していくかは厳しく選んでいかなければならない。

（9）求められる広報担当の能力とは
①記者との関係づくりとコミュニケーション能力

前述のように記者との関係では報道機関の立場や組織・記者の特性をよく理解し、一人ひとりの記者と、相互に理解しあい誤解を生みにくい長期的な信頼関係を築くことが求められる。

記者発表の直前だけ電話でコンタクトする、記者から取材が入った時だけ対応するといった関係では、記者の本音も聞けず、パブリックとの良好な関係を作り出すという広報の目的は達成できないだろう。

メールや電話だけでなく、日常的にきるだけ記者・編集者とは会い、話すことが望まれる。記者は、親しくなったからというだけで記事を書くことはない。広報担当者が提供した情報が報道に値するニュース価値があれば記事を書くし、価値がなければ書かないという公正な関係がメディアリレーションズの基本である。両社にウィンウィンの対等な関係がなければ記者と広報の仕事は成立しない。私の知る広報エキスパートは、今でもたとえリリース配布であっても可能な限り記者クラブに顔を出し、現場の記者とのコミュニケーションを心掛けており、そのため若い記者からの信頼も厚い。

同時に、広報の実務家はいわゆる担当記者だけでなく取材現場のチームリーダーであるキャップや編集委員、場合によってはデスクや編集局幹部クラスの方々との親睦を深め、良好な関係を作っておくことが求められよう。

広報担当者には、さらに、対人コミュニケーション力が求められる。その上で文章力や編集能力、社内と社外の人を仲介・調整する役割からもバランス感覚のあるコーディネイト力、の三つの基礎能力が必要とされる。

　パブリックリレーションズは、組織の中と外（メディアを経由してステークホルダーおよび社会全体）の関係を構築し、利害があれば調整しなければならない。さらに広報担当者にはスピーディな行動力、問題を察知するセンサー能力（とくに危機時のメディア対応では重要）、情報感度の高いメディアの記者と対等にコミュニケートするのに不可欠の幅広い知識と教養が必要になってくる。

②記者とのミスコミュニケーションを防ぐために

　多くの記者は大変優秀で敬意を払うべき方々であるが、中には独自の批判的な視点に固執して取材に臨む記者や、十分説明したにもかかわらず事実と異なる記事を書く記者がいる。メディア対応で広報部が苦慮することのひとつは、信頼関係が構築できない記者の場合だ。このような記者は大きく２つのタイプに分かれる。ひとつは記者が独自の「仮説：ストーリー」を持って取材し、それをなんとか検証しようと試みるタイプ。すでに報道されている内容を再構成するのではなく、事前によく調査し新たな見方を提示しようとする記者だ。場合によってはその「仮説」を取材現場で自ら軌道修正させることにより、よりレベルの高い記事を書く立派な記者といえる。２つ目のタイプは、どのように説明しても聞く耳を持たず、記事は誤報となり、業界の広報担当者間で「注意が必要」とささやかれるタイプだ。このような場合、対応方法として「取材を受けない」という選択肢もあるが、これは最終手段と考えたい。多くの企業広報をみてきたが、グローバル企業といわれ戦略広報を実践する企業のコミュニケーション部門には、多かれ少なかれ記者のランク付けがあり、社長に会わせる記者、会わせない記者を分けている。取材を受ける、受けないの決定権はこちら側にあるのだ。ただし、決して記者に「公平でない」と思わせてはいけない。

104

③記者に正しい「仮説」を持ってもらう努力を

経済記者は事前の調査や周辺取材を重ね独自の「仮説」を持って取材に来る前者のタイプが多いと思うが、広報担当者の役割としては担当記者に間違った「仮説」を立てられないよう、日常からの情報交換が何より重要となる。

広報担当者は、常日頃から広報部（自らも含めて）が記者との信頼関係を構築できているか、正確な情報提供を行い自社や業界への深い理解を得ているかに注意を払っておきたい。万一、記者が誤解し間違った「仮説」を立てているような場合、あきらめずに辛抱強く「仮説」を覆す努力をすることだ。日ごろの取材活動の上だけでなく、取材を離れた酒の席や雑談の中から記者が何の話に興味を持ち、どのようなストーリーで記事を書こうとしているのかを推察しておくとよいだろう。

▌4. 広聴活動としてのメディアリレーションズ

「メディアリレーションズ」はターゲットメディアとのリレーション構築という側面が強調されるが、メディアリレーションズの活動にも、広聴と広報の両面があることを忘れてはいけない。近年重要な機能として求められているのは社会の声を聴く広聴活動であり、広報担当者は一方的な情報発信だけに終始しないようにしたい。

様々な取材活動を通じて接触する記者たちも重要なステークホルダーであり、特に経済記者の場合は、業界担当記者のケースが多いだろう。例えば自動車業界担当記者は、競合メーカーや評論家、アナリスト、販売店はじめ、多くの関係者に取材していることになり、さまざまな視点や見方、ネガティブな情報まで短期間に精通している。このため裏を返すと影響力も大きい。記者を通じて社会の声を聞くいい機会ととらえ、場合によっては担当役員や社長と情報交換してもらうことも有効な広聴活動である。

自社や商品が社会・消費者からどう評価されているか、自社に対してどんな要請があるか、など的確な情報を経営層にフィードバックしていきたい。

一方で、記者にとっては、有益な情報を持つ広報担当者、経営層との情報交換の場は大変貴重な機会となる。

5. これからのメディア環境の変化とターゲットメディア

2016年末の米大統領選挙で勝利したトランプ氏は、マスメディアを敵に回し大統領選を「インターネットの勝利だ」と評した。今後の日本が、「トランプ現象」を起こした米国のように、ソーシャルメディアを含むネットメディアが既存のマスメディアに勝利するということは、現時点では考えにくい。しかしながら、パブリックリレーションズの先進国でありジャーナリズムの面でも日本の先を行く米国の姿は、日本のマスメディアの今後を占ううえで参考になる点が多いと思われる。

（1）フェイクニュースと新大統領の誕生

2016年11月の米大統領選挙で大方の予想を裏切って、当初は泡沫候補といわれた実業家のドナルド・トランプ氏が多くの支持を集め、米国大統領に就任した。米マスメディアや専門家、多くの米国通の日本人も含め、なぜ、予測を間違ってしまったのか。

その後の解説の多くはこうだ。ニューヨークタイムズやワシントンポストなどの既存のマスメディアは、エスタブリッシュメント層など中産階級以上の読者の視点で書かれており、それがヒラリー・クリントン候補の支持者と重なって、女性初の大統領が誕生するかのような有利な報道につながった。一方、トランプ氏は既存のマスメディアを敵に回し、過激な主張の多くがネットを介して、白人低所得者層、中産階級以下の人々に届き、彼らの本音と共鳴し、トランプ大統領が誕生した。

つまり、この大統領選挙の方向を決めたのはテレビや新聞などの既存のマスメディアではなくソーシャルメディアなど新たなメディアで、国民への影響力、世論誘導力はニューメディアが勝っていた、ということになる。

ニューヨークタイムズは選挙後、「米国民の意識、行動を支配したのはツイッターだった」と総括し、ウォールストリートジャーナルも「米国有権者の見方を形成するうえで、フェイスブックとツイッターが中心的な役割を果たした」と認めた。

その後、フェイスブック上では、選挙中からフェイクニュース（偽りの

ニュース）が、多く出回っていたことが議論になる。

例えば、

「ローマ法王がトランプ支持を公式に表明した」

「民主党候補のヒラリー・クリントンは、テロ組織 IS（自称イスラム国）に武器を売却した」

「ヒラリー・クリントン氏を捜査していた連邦捜査官が死体で発見された」
——。

このような、信ぴょう性を疑うようなニュースが、瞬時に広がり、影響力を持ってしまったのだ。実際に、大統領選前の3ヵ月間にフェイスブックで最もシェアされ、「いいね！」などの反応が多かった記事を分析したところ、「既存のマスメディアが取り上げた上位20記事より、フェイクニュースの上位20記事のほうが、より広く拡散されていた」という（米ネットメディアバズフィード調べ）。

フェイスブックは、米国大統領選挙をきっかけに、フェイクニュースを放置しているとして批判され、フェイスブック CEO のマーク・ザッカーバーグは、「虚偽のニュースが選挙結果を変えるなど全くありえない。フェイスブックのすべてのコンテンツのうち、99％以上は本物だ」（11月12日）などと選挙への影響力を否定している。しかし、フェイスブックが「我々はメディア企業ではなく、テクノロジー企業だ」と主張しても、「トランプ氏を勝利に導いたのはフェイスブックだと断定している」（ニューヨーク・マガジン）というように、フェイスブック上に流れた大量のフェイクニュースによって、選挙結果がドナルド・トランプに有利なものになったという見方は妥当といえよう。その後、12月になって虚偽のニュースを防ぐための対策を強化することにし、すでに、2017年時点で AP 通信や FaceCheck.org、Politifact といったファクトチェッカーたちがその真偽を検証している。

米大統領選におけるメディアの主役交代は、1960年にも起こっている。リチャード・ニクソン対ジョン・F・ケネディの大統領選である。この年、大統領選挙で初めてテレビ討論会が開かれたが、ひげが濃く青白く疲れた表情に見えたニクソンに対し、テレビ画面では日焼けして若々しくはつらつと映ったケネディ氏に米国民は良い印象を持ち、いわゆる非言語の視覚的イメージが投票

107

行動を支配した。それまでの新聞やラジオでの選挙活動から、テレビが主役になった選挙戦だったのである。2016年はそれから60年近くが経って、テレビがネットに逆転された年として歴史に刻まれることとなるだろう。

（2）マスメディアへの信頼性は依然高い日本

　2016年は日本でもフェイクニュースが問題になったが、前述のように日本の場合は、現時点ではマスメディアの信頼性は世界的にも高く（図表）、また新聞やテレビ報道番組への接触時間も高い。しかしながら、日本のマスメディアの信頼性も徐々に低下しており、さほど楽観視できない現実である。マスメディア自体が信頼され、電子版であろうと紙媒体であろうと読まれることで、国民のメディアリテラシーは確実に高まる。今後、日本も新聞離れが進むとフェイクニュースに侵食されてしまうリスクがある。

　2016年9月に発表された米国マスメディアの信頼性については、米ギャラップ社の世論調査でみると、マスメディアを信頼するとしたアメリカ人はわずか32％で、過去最低を記録した（20年前は53％であった）。

　一方、日本でも、NHK、新聞、民放テレビ、ラジオの信頼度をみると、2016年の調査ではいずれも残念ながら過去最低だ（下図参照）。

図表7-7　各メディアの情報信頼度（時系列）

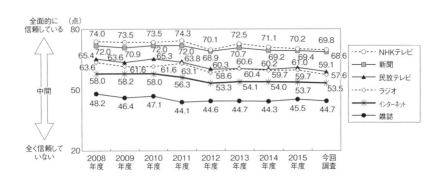

（出所）新聞通信調査会「メディアに関する全国世論調査」

（3）日本でもメディアの主役の交代は起きるのか

　米国大統領選挙では、大きな影響を持ったネットメディアだが、スマートフォンの急速な伸びとともに日本人のネットの利用時間も増加傾向にある。日本でもすでにタブレット・スマートフォン・携帯を含めた携帯端末でのネットへの接触時間は、全世代で平均で一日のメディア接触時間全体の3割を超えており、20代の若年層では、新聞が4.8％に対して携帯端末を通じたネット接続は同45％超えている。

　さらに、2015年にNHKが調査したデータでは「欠かせないメディアは？」という問いに、インターネットが23％（14％）、新聞が11％（14％）という結果が出ており、（カッコ内は2010年調査）、日本人のメディアへの接触欲求の

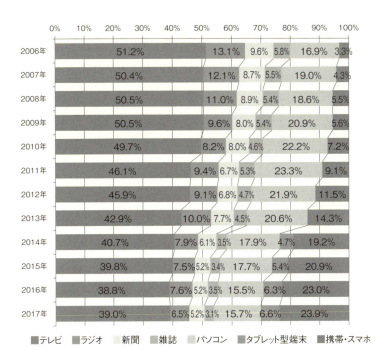

図表7-8　メディア接触時間（～2017年）
（一日あたり、全体接触時間に占める割合）

（出所）博報堂DYメディアパートナーズ「メディア定点調査2017」調査から

109

意識は大きく変化してきている。

ところで広告ビジネスにおいてもネットメディアへの広告費が、近年テレビメディアのそれを追い抜くというデータがある。消費者が何を見ているか、何に語らせることが消費行動に影響するのかといったことは、メディアというビジネスを成り立たせている広告主の広告費の配分に影響を与える。パブリックリレーションズの活動の一つに、マーケティングコミュニケーション分野があるが、この分野でも年々、ソーシャルメディアやネットの活用が盛んになっている。

テレビ・新聞・雑誌・ラジオの４マス広告費は05年がピークだが、ネット広告費は毎年２ケタ増を続けおり、09年に新聞を抜き、矢野経済研究所の予測によると2020年度のネット広告費の国内市場規模は１兆8500億円で、この年にネットがテレビを抜くと想定されている（下図参照）。

すでに米国では16年中にデジタル広告は720億900万ドルに達し、テレビの712億9000万ドルを上回ったようだ。調査会社にもよるが、2020年までにはネット広告がテレビを抜いて、広告メディアとしては世界最大に成長することが確実な状況だ。

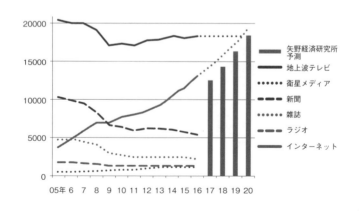

図表7-9　４マスとインターネットの広告費推移と予測（単位：億円）

（出所）矢野経済研究所

第7章 企業価値を高めるメディアリレーションズと対応実務

図表7-10　三つのメディア

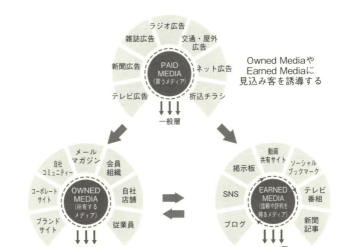

（出所）横山隆治著「トリプルメシアマーケティング」

(4) パブリックリレーションズの対象、PESOモデル

　このようにこれまで広告業界で言われた、新聞、雑誌、テレビ、ラジオの4マスにネットが加わり、マスメディアは5マスともいえる時代に入る。米国パブリックリレーションズの世界では、2010年以降、PESOモデルといわれる考え方が登場、日本では、トリプルメディアの考え方が定着していたが、今後は、シェアードメディアをどう活用するかが大きなテーマになるだろう。

　前述したように米国ではフェイスブックが我々は「プラットフォームを提供する会社」として、フェイクニュースに対応せず非難された。その後、同社は第3者機関にファクトチェックを依頼すると方向転換した。日本でも2016年、一部上場企業DeNAが運営する医療情報サイト「WELQ（ウェルク）」が根拠のない健康情報や記事を大量に掲載し、閉鎖に追い込まれている。悪質だったのは、DeNAはユーザーが自由に記事を投稿できるキュレーションプラットフォームを運営しているのであり、記事の責任は投稿者だ。責任は負わないとしながら、実態はDeNAがクラウドソーシングなどを用いて記事を学

111

図表7-11　PESOメディア

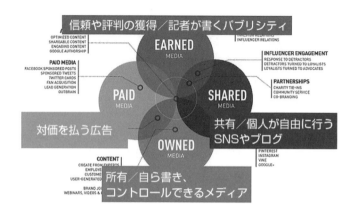

（出所）エイレックス作成

生や主婦に発注していたことがわかっている。またその発注に際して、「リライト」のマニュアルを用意して指示をしていたことなど、読者を裏切るような行為は深刻な事態といえよう。

　このように、利用者を集めページビューを稼いで広告収入に頼るビジネスモデルが主流のネットメディアについては、歴史も浅く、民主主義の基盤として従来のマスメディアに求められた機能が果たせるかというと難しい問題がある。

　大げさに言えば「権力チェック」であり、「知る権利にこたえられるか」ということになるが、世の中の重要な情報を正確に伝えること、ニュースの持つ意味づけ、解説、社会のオピニオンを形成する論説といった役割については、従来のマスメディアが依然強い力を発揮することになる。

　米国の世論調査でも新聞やテレビの信頼度はネットを超えており、トランプ大統領と正面から対立するNYタイムズでは、有料電子版の購読者が2016年9月から2017年3月までの半年間で58万4000人と約30％増加しているという。量だけではない、正確な情報やオピニオンを知りたいという質を重視する傾向も高い。

　また、日本で最も影響力のあるメディアといえば今ではヤフーのトピックス

図表7-12　メディアの特性比較

	情報量	速報性	保存性	信頼性	対象の絞込み	アクセス（容易さ）	検索機能	時間、場所を選ばない	発信主体
新　聞	○	△	◎	◎	△	◎	△	△	大資本（マス）
雑　誌	○	×	◎	○	◎	○	△	△	大資本（マス）
TV（ラジオ）	△	◎	△（×）	○	△	◎	△	○	大資本（マス）
インターネット	◎	◎	◎	△	○	○	◎	◎	個人も可能（パーソナル）

（出所）篠崎良一氏作成

だともいわれる。しかし、ヤフーニュースのコンテンツの多くが、新聞を中心とした既存のメディアから提供されたものである。つまり、新聞中心の既存メディアのコンテンツがなければ成立しないのである。インターネット上の大多数の話題の一次情報の多くが、テレビの情報であることは、よく知られた事実である。

　ブログやSNSの時代といわれながらもインターネットと既存メディアとの関係は相互に密接に関連づけられて構成されている。事実をベースにしたコンテンツは時代が変化しても同じである。インターネットがメディアとして今後、さらに影響力を強めていくのは時代の流れであろう。

　欧米企業は、従来型のメディアだけでなくPESOモデルに代表される、オウンドメディアやシェアードメディアに重点を移しつつある。新たなメディアに対する情報発信や市民記者、ブロガーを含めた多くのステークホルダーとの関係構築も重要な広報業務として捉える必要があるといえる。広報・PR担当者は、急速に変化するメディアや読者・視聴者であるターゲットオーディエンスの価値観に適したコミュニケーションをとる必要がある。

（江良　俊郎）

第8章
企業価値を高める
危機対応、危機管理広報

■ 1．パブリックリレーションズとクライシス・マネジメント

　パブリックリレーションズ（Public Relations）は、19世紀末から20世紀初めにかけて米国において発展した、組織とその組織を取り巻く人々（個人・集団）との良好な関係を構築するための考え方およびその取組である。初めてパブリックリレーションズという言葉を使ったのは、アメリカの第3代大統領トーマス・ジェファーソンという説が有力で、"民衆が政治の主人公であり、パブリック・オピニオン（世論）が政治上の意思決定の基本であるべきだ"というデモクラシーの考え方が、パブリックリレーションズの根底に存在しているとされている。米国を建国した民衆はかつてヨーロッパ諸国の国王・皇帝、貴族・領主、聖職者などのいわゆる権力支配から逃れ、自由を求めて大陸に渡ってきた人々であり、建国の理念には、パブリック（民衆）つまり自分達自身を主権者としての地位に据えたという歴史があり、19世紀から20世紀にかけてはすでに、企業や資本家達においても、判断のための情報開示が求められ始めている。もっとも著名なパブリックリレーションズの教科書として知られる『Effective Public Relations』（邦訳名『体系パブリック・リレーションズ』）では、パブリックリレーションズをつぎのように定義している。

　「パブリックリレーションズとは、組織体とその存続を左右するパブリックとの間に、相互に利益をもたらす関係性を構築し、維持する機能である。」

　継続的な「信頼関係」「良好な関係作り」の考え方と行動のあり方を常に意識し、戦略的に活動することで、強固なブランディングと企業価値向上に貢献することができる。

　一方、クライシス・マネジメントは、1962年のキューバ危機の際に、当時の米国国防長官がはじめて用いたと言われており、米ソ冷戦時の国家的危機に対処するために登場した考え方で、軍事用語である。

114

第 8 章　企業価値を高める危機対応、危機管理広報

　現在、企業におけるクライシス・マネジメントは、企業経営や事業活動、組織のイメージに重大な損失をもたらす、もしくは社会一般に重大な影響を及ぼす、と予想される深刻な事態を「危機」と考え、危機が発生した場合にさまざまなダメージを最小限に抑え、早期に収束させてビジネスを危機発生前の時点に戻すための活動、とされている。

（1）「近代 PR の父」アイビー・リーの危機対応

　大規模な事故に際し、説明責任の重要性が認識され始めた時期は、20世紀前半のパブリックリレーションズの発展期と重なる。前述のようにパブリックリレーションズは19世紀後半から20世紀前半に米国で生まれ育ったが、その発展に大きな役割を果たしたのが「近代 PR の父」と言われるアイビー・リーである。ニューヨーク・タイムズ、ニューヨーク・ワールドの新聞記者だった彼は、1903年にペンシルバニア鉄道の事故における広報対応でコンサルタントを務める。当時、大きな鉄道事故であっても、情報を開示することはなく、ペンシルバニア鉄道も従来の鉄道事故と同様、情報開示に否定的で事故についての情報開示を拒もうとしていた。アイビー・リーは記者の習性として、組織が隠せば追いかけることを経験から知っており、この事故対応では記者に現場を見せて、自由に取材させたという。この結果事故の際、情報開示をしない他の鉄道会社は批判され、大きなダメージを受けるとともに株価も下落したが、ペンシルバニア鉄道の株価には影響せず、企業価値を維持することができたのだ。

　近年でも事故の際に、「情報を出さずに隠蔽する」、「取材を拒否する」など、不誠実な対応をすることで批判報道につながり、株価の長期低迷を招くことが多いが、当時のアイビー・リーの対応は、危機管理広報のお手本ともいえる対応だったことが分かっている。

　パブリックリレーションズの根底にはデモクラシーの理念と、クライシスの場面では積極的に情報を開示して、信頼と理解を得るクライシス・コミュニケーションの基本的考え方があるのだと思う。

（2）会社の常識か、社会の常識か

　かつて1990年代のバブル崩壊の過程で、不祥事を起こしたある企業のトッ

115

プが「会社の常識と世間の常識が離れていることに気付かなかった」と述懐したことがあった。激しい業界の競争の中ではライバル企業に勝つことにのみ目を向けてしまい、社会や経済全体を広く見渡すべきトップすら、いつの間にか会社の常識と世間の常識の乖離に気付かないということが生じる。

　広報・PR担当者は、時に社内から「お前はどっちの味方か」といわれる場合があるかもしれないが、「社会の常識」を内部へ向かって説き続ける必要がある。"社会の常識"が誤っている場合もあるだろうが、その時は、逆に社会に向けて根気よく真実を、自らの信念を語り続けるべきである。

　もう一つは企業にとってのマイナス情報の扱いも悩みの種である。メディアの中にはマイナス情報に喜んで飛びつくものも少なくない。現在はインターネットが普及し、風説やデマが生まれやすい。社内では、「どうして防げないのか」と広報・PR部門の責任にする企業も存在するが、そういう企業ほどマイナス情報が大きく報道されやすいともいえる。

　広報・PR部門がなすべき仕事は、マイナス情報がメディアに出ないよう、広がらないようにすることはもとより、それが発生した原因を明らかにして元から正すことである。

2. 危機管理広報におけるコミュニケーション実務

（1）不寛容な時代の危機管理広報
①ますます多様化するリスク、顕在化するリスク

　近年、企業を取り巻くリスク要因は多様化し、さらにこれまで存在しなかったリスクや時代とともに形を変えるリスクなど、急速なリスクの顕在化時代を迎えている。その背景にあるのは、コンプライアンス意識の高まりや些細なことで炎上しやすい不寛容な社会と消費者意識の変化、そしてインターネットの普及、ソーシャルメディアという情報発信ツールを得たことによる個人のメディア化の影響も大きい。内部告発も増加している。もちろん、企業活動のグローバル化や株主資本主義、規制緩和による事後チェック社会の到来もある。こうしたそれぞれの環境変化にともない、新たに想定すべきリスク要因が生まれ、多様化しているといえる。企業の危機管理は自社にとって「危機とは何か」を把握することから始まるが、一度、危機を洗い出せば終わりではない。

危機に直面する機会が増え、さらに対応の失敗、例えば比較的小さな不祥事であっても「データ改ざん」「隠ぺい」ととらえられると過激な批判報道がなされて、重大な二次リスクに見舞われる。企業は、危機を予見し、適切にコミュニケーションできなければ生き残れない。

今日のように多様化し複雑化した社会でビジネス活動を行う以上、企業にとって何らかの危機にぶつかることは避けられない。企業は大きな危機に発

図表8- 1　2010年以降の企業の危機事例

分　野	事　例
自然災害	御嶽山噴火 東日本大震災・熊本地震
事故・故障	工場火災・工場事故 旅客機墜落事故 連続ケーブル火災
情報システム	個人情報の大量流出
製品・サービス	異物混入・産地偽装 データ改ざん・偽装・欠陥製品
環　境	原発事故・オイル漏れ・汚染 食品廃棄問題
労　務	ブラック企業批判、長時間労働・過労死、 パワハラ、セクハラ、オワハラ、マタハラ
法務・倫理	スポーツにおける賭博 承認されていない製造法が発覚 作品盗作疑惑
市場マーケティング	ステルスマーケティング
財　務	老舗企業の不正会計問題
政　治	イスラム過激派のテロ活動 政治資金規正法違反
経　済	原油価格下落 中国の景気減速不安 ギリシャ金融危機
社　会	SNSやブログでの炎上 バス転落事故

（出所）エイレックス調べ

展するリスクを、常に潜在的に内包していると考えて間違いない。

②ソーシャルメディアによる告発や投稿で瞬時に予期せぬ危機に

多様化するリスクの一つとして、近年、ソーシャルメディアの急速な普及の影響を抜きに考えることはできない。これらソーシャルメディアの利用は、時に企業に大きなダメージを与えることがある。誰もが気軽に情報を発信・拡散できる、相互につながり合える、というソーシャルメディアの特性ゆえに、従来にはなかった形で企業が傷つく事例が出てきている。情報の受け手は、発信者ともなりうるという特性から、「拡散」が起こりやすい。学生、主婦、会社員など、多くの生活者はソーシャルメディアによって繋がり、ポジティブな情報、ネガティブな情報、噂やデマまで、絶え間なく情報を交換している。

③日本型コーポレートガバナンスが背景にある企業不祥事

さらに近年の企業不祥事の傾向の一つに、長年商習慣として企業内や業界内で行われてきたことが、突如「不適切な行為」として明るみに出て、社会問題化、事件化する、「リスクの顕在化」が挙げられる。

とくに最近は、日本の著名企業において、経営トップ自ら関与していたと指摘される不正の発覚も相次いでいる。その中には、かつて見過ごされてきた小さな不正が長い間積み重なって大問題に膨らんでいるケースも少なくない。このような事態を招いている背景として、日本型コーポレートガバナンスの罪過が指摘されている。取締役や監査役がほとんど内部昇進者で占められ、社長の強力な人事権を背景に、取締役会や監査役が機能不全に陥り、経営に対するチェック機能が働かないという深刻な問題である。株式を持ち合うことで、「物言わぬ株主」を生み、資本市場からもチェックが入りにくかった環境も日本特有のものであった。このような批判は海外投資家の不信を招いてきたが、近年、具体的なガバナンス改革の取り組みも目立ってきている。2015年は、コーポレートガバナンス改革元年と言われ、スチュワードシップ・コードの制定に次ぎ、コーポレートガバナンス・コードが制定され、社外取締役の実質的義務化が行われ、日本的な特徴を持ったコーポレートガバナンスが、ようやく進化してきている。

④相次ぐ内部告発からの「発覚」

リスク顕在化の一因として先に挙げた内部告発の多くは、私怨や人間関係、職場への不満などに起因するものではあるが、中には組織運営、経営幹部に絡む企業や組織の反社会的行為の指摘があり、現実の不正を糾弾しているものがある。公益を考え社会正義を貫く勇気ある内部告発者に対しては、裏切り者として不利益を被らないよう保護する公益通報者保護法が2006年4月から施行されており、企業不祥事に対する社会全体の関心の高まりと相まって、不正を告発する社員など、通報者の心理的なハードルは年々低くなっている。そのため、不正を知った社員が直ちに通報窓口をはじめ、メディアや監督官庁、警察に通報し社会問題化する企業不祥事も増えている。最近の事件でも2011年の光学機器メーカーの粉飾決算事件や2015年の大手電機メーカーの不適切会計処理、同年エアバッグメーカーのリコール問題といった事件は内部告発から発覚した不祥事である。

⑤企業不祥事とメディア報道の傾向

不祥事は、不正行為そのものが非難の的となることはいうまでもないが、それ以上に社会が注視しているのは、その危機に対する当事者企業の対応である。

不祥事を起こした企業が被るダメージの程度は、初動の対応は適切だったのか、さらに、危機発生後、速やかに社会に説明したかによるところが大きい。事件事故や企業不祥事を取材する社会部記者の多くが指摘する初期のメディア対応として力を注ぐ必要があるのは、記者からの「問い合わせへの対応」と「緊急記者会見」である。

危機管理は広報部だけで完結する業務ではないし、メディア対応さえうまく乗り切ればいいというものでは決してない。しかし危機発生時に、マスメディアを通じた対外的なコミュニケーションは、最も重要で、かつ失敗の許されない危機対応業務であることに変わりはない（これは「クライシス・コミュニケーション」「危機管理広報」とも呼ばれる）。

経済広報センターが2015年2月に発表した「第18回　生活者の"企業観"に関する調査」の結果によると、企業の果たす役割や責任として、全体の52%が「不測の事態が発生した際に的確な対応を取る」ことが「非常に重要」

としている。これは、企業の責任として「安全・安心で優れた商品・サービス・技術を適切な価格で提供する」（82％）に次いで高い割合で、「社会倫理に則した企業倫理を確立・順守する」（52％）も同じポイントとなっている。「企業が信頼を勝ち得るための重要事項は？」との問いに対しても、「経営の透明性を確保し、情報公開を徹底する」（35％）、に次いで「不測の事態が発生した際に的確な対応を取る」（32％）が上位にきている。また、企業に対する信頼度に関する調査項目で、信頼できない理由として「不祥事や事故など、不測の事態が生じた際の対応が不誠実」、「企業不祥事が後を絶たない」「説明責任を果たしていない」といった意見、さらに「利益・自社優先の体質」や日ごろの情報発信不足を含めた「経営の不透明性」を信頼できない理由とするなど、クライシス・コミュニケーションに関する項目が挙げられている。今日、生活者は、企業の不祥事そのものよりも、むしろ「その後の対応」「説明責任を果たしたか」をじっと見つめているといえよう。

　生活者の企業を見る目が厳しくなっているのは、2000年以降、多くの企業不祥事が発生し、とくに生活者の安全・安心を脅かす事件・事故や不祥事が、発覚後の隠蔽工作や不誠実な対応への疑惑とともに生活者の企業への不信感を広げていることが大きく影響している。

　このような時代において、経営者は危機を招かないよう徹底的に危機管理に取り組むことが求められるし、緊急事態が発生した際は、隠したり逃げたりせず、責任ある企業として正しく行動し、迅速に的確に情報を開示する必要がある。

　このため、広報担当者の業務の中で、危機管理広報対応はある程度の経験が必要であり、この分野への知識も意識も高いベテラン広報担当者が担当することが多い。

⑥マスメディアへの対応が最重要

　このクライシス・コミュニケーションの対象者には、マスメディアのほかにも、お客様、関係取引先、株主、従業員、グループ企業、監督官庁、自治体、地域社会など多くのステークホルダーがある。最近では、SNSを活用して直接対話ができるようになったが、依然多くの層の感情に最も深刻な影響を与える

のは、マスメディアの中でも信頼度の高い大手報道機関の報道によると考えられる。

例えば、NHKや全国紙がどのくらいのスペースを割いて、何日間かけてその問題を報じたか、批判したのか、中立だったのかによって、当該企業の損失（経済的損失とレピュテーションへのダメージ）は大きく変わってくる。

たとえ、誤った報道であっても、一度ネガティブに報道されてしまうとレピュテーションを回復するのは容易ではない。

したがって、クライシス・コミュニケーションの対象としては、今なお、マスメディアを意識せざるをえず、中でも大手報道機関に所属する社会部記者への対応を最優先と考えなければならない。

リスク（危険な状況）からクライシス（危機的状況）に至るのは、広く長期にわたってネガティブな報道がなされた場合といえるからである。

一昔前に比べ、違法行為には厳しい社会的制裁も与えられる。その上、危機発生時の関係者への対応やメディア対応を誤ることで、批判的記事が連日報道されれば経済的損失はより巨大化し、ダメージも長期化する。近年、とくに食品を扱う企業は、食の安全・安心をめぐる数多くの不祥事事件が発生しているため、小さな問題でも大々的に取り上げられ、そのことにより、廃業に追い込まれたケースは少なくない。本来、「事故」として扱われる事案が、当該企業による「事件」として社会的批判を受けるのである。小さなリスクが直ちに企業存亡の危機に及ぶ時代に突入している。このため、企業の「危機管理」、とりわけ「クライシス・コミュニケーション」の重要性は、ますます高まっている。

（2）企業の危機管理体制の構築
①クライシス・マネジメントの実務手順

企業の危機管理（クライシス・マネジメント）は企業経営や事業活動、企業のレピュテーションに重大な不利益をもたらす、もしくは社会一般に重大な影響を及ぼす、と予想される深刻な事態を「危機」と考え、万一危機が発生した場合に、そのダメージを最小限に抑えるための活動、という考え方である。

日本では、「リスク・マネジメント」についても危機管理と訳され、むしろ、

リスク・マネジメントについて、危機管理として紹介されることが多いが、多少ニュアンスは異なる。リスク・マネジメントは日本語に訳すと「危険管理」が正しく、本来は①リスクの特定、②特定したリスクを分析して、発生頻度と影響度の観点から評価する、③評価したリスクレベルに応じて対策を講じ予防するための一連のプロセス、経営管理手法とされ、米国の保険業界で発達した言葉である。最近では、危機が発生した際に、被害を最小限に抑える活動を含むことがあり、クライシス・マネジメントと同じ意味でつかわれることも多い。

　いずれにしても、危機は突然襲い掛かるという前提で平時から準備を進め、緊急事態に直面しても動揺することなく適切に対応することで、ダメージを最小限に、早期に収束させることが望ましいのである。

　危機管理を広義の意味で再度定義すると、

　①可能な限り危機を予測し、

　②危機が発生しないよう予防策を講じるとともに起きることを想定した準備を行い、

　③万一危機が発生した場合には被害を最小限にとどめ、復旧を試み、再発防止に取り組むプロセス、と理解されている。

　どの企業で危機が起こってもおかしくない今日の状況において、平時から危機管理体制を整え、危機に強い組織づくりに努めることが重要である。

　企業の危機管理のポイントは、①危機意識を高く持ち、危機の兆候を事前に察知して、未然に防ぐこと、②起こり得る危機に備えて、準備をしておくこと、③危機にうまく対応して、被害を最小限にすること、の3点に集約されると考えられる。

　そこで、企業に危機管理システムを導入する時の定石、手順のポイントを整理する。

I　危機管理委員会の役割と業務

　まず社内に「危機管理委員会」を発足させることが望ましい。それぞれの企業によって、また、発生した事象によっても中心となる担当部門は変わって

くることがあるが、一般的には、広報もしくは総務を中心に法務、社長室、人事、経営企画などの責任者で委員会を構成する。委員会の責任者は上級の役員が望ましいが、専務、常務といった形式的なランクよりは、広報や危機管理について理解が深いことと、トップとの意思疎通のよさを重視して決めたい。危機管理委員会は、平時は危機管理の中心的、横断的組織として、リスク情報の収集と評価、危機意識向上に向けた研修・啓発などを行う。そして、緊急時には対策本部として現場からの連絡窓口となり、基本スタンスを立て対応策を実施するなど、実際の緊急事態に対処する。

　危機管理委員会が担当すべき役割として、まず、リスクの洗い出しがある。
①自社のリスク要素の特定
②リスク要素の評価：危機予想頻度×影響度から分析、評価
③自社のリスク要素の優先順位づけを行う

　リスクを洗い出し、実際に自社で起こった過去のトラブルや事故、現在起こりやすい潜在的危機を各部門で想定し、評価していく。自社のビジネス特有のリスク要因から、情報流出、データ流用、金銭着服など個人的な不正行為についても、危機の要因として検証し、管理体制の弱点を把握したい。その上で、手順や役割、マニュアルなど必要な予防の対策を立て、担当部門も明確に決め、リスクの未然防止に取り組む。

Ⅱ　危機管理マニュアル作成と演習・トレーニングの実施

　危機に備えた事前準備として、コンプライアンス・プログラムや行動基準を設ける。何をすべきかだけでなく、何をしてはいけないかを含む明確なルール化が必要である。

　危機管理マニュアルには会社としての危機管理の考え方、想定されるリスクとその評価基準に沿った対応方針、誰が何をするのかといった役割、起こり得る危機のケース別シナリオ、連絡体制などを明記しておく。ガイドラインの作成によって、緊急事態発生時に生じがちな報告の遅れや「大したことはない」といった根拠のない楽観論を排除することができる。

図表8-2　危機管理広報マニュアル作成

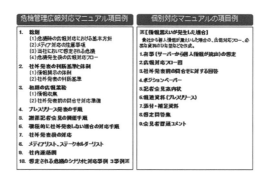

（出所）エイレックス社提供

　そのうえで、研修およびクライシス・シミュレーション・トレーニングを実施したい。どんなに完璧なマニュアルを作成し、危機発生時の対応手順を細かく定めていても、活用できていないのでは無意味である。業種にもよるが、特に自社のリスクが生命の危険や健康被害につながる業界では、危機管理委員会のメンバーのみならず、役員から現場まですべての社員がその目的を理解し、危機が起きた時には実際にどうすればよいかを体で覚えておくようになるとよい。このため、平時から啓蒙啓発活動を行うとともに、日ごろから定期的にシミュレーションしておくことが重要である。せっかく整理した危機管理体制やマニュアルを形骸化させないためには、社内での危機管理啓発セミナーのほか、専門家の指導の下、実際に緊急事態が起こったと想定したトレーニングや模擬謝罪会見も行っておきたい。とくに最近は、「隠した」「嘘をついた」などの他、トップと社会の「認識のずれ」を指摘されることが多く、緊急事態発生後のメディアへのコメントのまずさが加速度的に危機を拡大させている。トップのメディアトレーニングと併せて、関係部門のクライシス・シミュレーション・トレーニングは必須とされつつある。

　経済広報センターの「企業の広報活動に関する意識実態調査」第12回調査（2015年発表）では、企業が行う危機管理の取り組み内容として、「広報部門スタッフが危機管理に関する勉強会などに参加している」が最も多く、前回調

図表8-3　広報部門の危機管理体制・対応（複数回答）

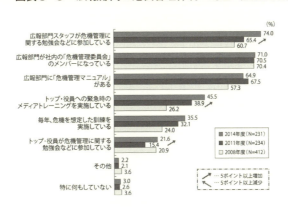

（出所）経済広報センター調べ

査から8.6ポイント増加して74.0％だった。また、「広報部門が社内の『危機管理委員会』のメンバーになっている」が71.0％、次いで「広報部門に『危機管理マニュアル』がある」が64.9％。「トップ・役員への緊急時のメディアトレーニングを実施している」は前々回調査（2008年度）では、3社に1社だったが、今回は、6.6ポイント増加し45.5％の企業が行っていると回答しており、約半数の企業が実施していることがわかる。

②危機管理において広報責任者が心掛けるべきは「トップとの距離」と「変化の察知」

　このように、危機に強い組織づくりのためには、多方面で広報が率先して各部門を動かしていく必要がある。一方で、よくいわれることだが、このような危機管理体制構築も、トップ自らが率先して取り組まなければうまく機能しない。広報・PR担当者としては、平時からトップを巻き込み、経営陣の危機意識を高めたい。

　広報部門は危機管理の事前準備の段階では、コンプライアンス経営の徹底など危機に対する社内の意識を高める役割があるが、この作業はトップと一緒に行わなければならない。また、危機が起こった際も自らの権限と責任で、速やかに判断しなければならず、このためにも危機に対する基本的な考え方をトップと共有しておかなければならない。

また、広報は企業を取り巻く環境の変化をいち早く感じて、リスクの要因を察知し、早期に対策をとらなければならない。

いずれも、広報責任者はトップからの信頼に加えて、社内やグループ会社関連部門と常日頃からコミュニケーションを密に図っておき、全社的な信頼関係を構築しておく必要がある。これも、危機管理を行っていく上で広報責任者にとっての課題となる。

（3）クライシス・コミュニケーションの実務

①マイナス情報収集と評価、分析、今後の事態想定

危機が発生した際は、以下を中心に速やかに事実関係を確認し、社外発表に必要な情報の洗い出しを行う。

・危機の概要（発生日時、場所、内容、発生後の時系列経過、など）

・危機発生の原因

・会社の対応状況（関係各所への連絡状況も含めて）

・被害状況（第三者に与えた損害／企業の損害）

・現在の懸念事項（現在不明な事項、今後問題になりそうな事項、など）

・今後の見通し（最悪の事態を想定した対応、など）

必要な情報の収集に際し、情報収集先及び情報収集の協力を得る先としては、社内関係部門・部署や親会社、グループ会社、業務提携先企業、関係省庁、顧客、取引先、業界団体などが挙げられる。社内関係部門・部署としては、当該危機に関連する部門・部署の他、経営企画部や法務監査部、人事総務部の協力は常に検討すべきである。その際、マイナスな情報はとかく報告されにくいため、平時から社内の危機意識を高め、広報や危機管理委員会で情報を吸い上げられるような体制を構築しておくことが重要となる。

②対策本部とリーダーの役割　対応方針スタンスの立て方

危機発生時には、危機管理員会が対策本部として、以下の役割を担う。

①現場からの連絡窓口となり、情報を収集する

②危機のレベルを評価し、ガイドラインに従って社外発表を行うか否かなどの対応方針を判断する

③連絡・報告が必要なステークホルダーを確認し、基本スタンスを決めるためのポジションペーパー作成を主導する

④社内外への情報発信を行い、その効果と影響を分析、さらに継続的に対策方法を提案する

⑤起こり得る被害の拡大を想定し、予防策を実施する

　対策本部の第一の役割は、トップへの対策提案である。トップが迅速かつ適切な判断を下せるよう、社内外から情報を収集し、分析する。また、メディアの取材に備え、対応方法を検討・提案することも重要な責務となる。

　対策本部のリーダーは、必要に応じたメンバーの収集、各メンバーとの直接連絡、トップと役員への状況報告、活動に必要な設備・施設の手配と管理など、対策本部の円滑な活動をサポートすることが求められる。

　基本スタンスを決めるために重要となるポジションペーパーとは、収集した情報をもとに事実概要、経過、原因、対策、会社としてのコメントなどをＡ４用紙１～２枚程度にまとめた資料である。必要に応じて、その時点の企業の見解を記載し、新しい事実が判明した時点で情報を更新していく。外部への説明を目的としており、ポジションペーパーをもとにすることで、統一的な情報や見解を示すことができる。ポジションペーパーの必要項目を以下にまとめる。

・**発生した危機の概要（発生日時、発生場所、発生した危機の内容など）**

　いつ、どこで、どのような危機が発生したのかを記載する。

・**危機の経緯（発生から現在までの経過）**

　把握している事実を会社の対応状況も含め時系列に記載する。

・**危機の原因**

　危機発生直後に原因が判明することは少ないため、発生直後は「原因は調査中」という記載となることが多い。憶測は厳禁。

・**被害の状況（人的被害、物的被害、損害額など）**

　危機の発生により、すでに発生している被害の状況、もしくは発生する恐れのある被害を記載する。

・**対応・対策・今後の見通し**

　発生した危機に対する現在までの対応と対策、また、可能であればいつまでに問題が収束する見込みなのかを記載する。

・**会社の見解・再発防止・責任問題**

　発生した危機に対する反省、謝罪、主張など会社の基本的なスタンス、事態収束後の再発防止策、関係者の処分について記載する。

③事件・事故や企業不祥事におけるマスコミ報道の実際

　基本的な考え方として、メディアの側は「報道を大きくしたい」という指向を持っていることを知っておきたい。不注意による単純事故よりも、個人が動機を持って故意にやったことの方が不祥事のレベルは大きく、組織的欠陥によるもの、組織ぐるみで行われた不祥事はさらに大きい。それ以上に、トップが知っていた、認識していた不祥事は扱いも大きくなり、そして、メディアにとって最もニュース性のある不祥事はトップ自らが積極的に関与しているものである。したがって、事件・事故や企業不祥事を取材する記者は、「単純なミスによるものなのか」「動機はあったのか」「組織的欠陥に起因するのか」「トップは知っていたのか、関与していたのか」という視点で取材を行う。

　メディアの関心事は、①いったい何が起こったのか？（事実確認や現場の写真）　②もう危険はないのか？現在の対応は？（危険性とそれに対する対応）③原因は？なぜ不正が行われたのか？　④いつ把握したのか？（企業の開示姿勢や対応の迅速性）　⑤被害者への補償、謝罪は？　⑥今後は大丈夫なのか？（再発防止策）　⑦過去に同様の事例はなかったのか？　であり、事件・事故、企業不祥事の報道は、上記の内容で構成されている。

　加えて念頭に置いておくべきは、危機が発生した際、メディアは速報主義の下でスピードを重視するという点だ。企業側は、メディアの締め切り時間を考慮した情報提供が望ましい。新聞社の締め切り時刻の目安としては、朝刊の12版が22：00、13版が24：00、14版が25：00～25：30、夕刊の3版が12：00、4版が13：30となる。したがって、記者会見を行う場合には、午前中であれば9：00～11：00、午後であれば14：00～19：00を会見開始の目安とする。ただし、重大な事故・災害などで不特定多数の第三者に被害が発生していたり、発生する恐れがある場合は、これにとらわれず、緊急で会見を開催すべきである。

　また、全国紙の記者を例にとると、記事を書き上げるのが21：00頃、そこからデスクの確認を経て修正作業が続くということで、緊急時は夜であっても

記者からの問い合わせに対応できる体制を整えておく必要がある。20：00頃までは会社に残り、会社を出る場合にも携帯電話は常につながるようにしておく。ある社会部の記者が「企業側の都合は我々には関係ない。一番求めるのはクイックレスポンス」と話すとおり、問い合わせに対応してもらえないことは、締め切りに追われながら限られた時間の中で情報を集め記事を書かなければいけない記者を最も苛立たせる。事実関係の確認がとれず、求められた期限に回答できない場合であっても、なぜ回答できないのか、いつであれば回答できるのか、状況と見通しを適宜連絡することが重要だ。

④メディアからの取材対応

　対策本部における広報担当者の重要な役割のひとつがメディア対応となる。メディアの窓口は対策本部に一元化し、他部署から回答しないように周知しておくとともに、すべての問い合わせ・取材はポジションペーパーに基づいて統一的に対応されるべきである。ポジションペーパーの作成前に問い合わせがあった場合には、統一した公式コメント（ホールディング・ステートメント）を用意しておき、それをもって回答する。その際には、コメント以外の回答をしないよう徹底する必要がある。

　取材に対応する際は、以下の点を意識する。

・「言えること・言えないこと」を整理して話す

　一般に言うべきでないこととして①未確認情報、②まだ判明していない原因、③被害者の個人情報、④被害者に対する補償や関係者の処分など対応方針が決まっていない事項、などが挙げられる。

・決めた基本スタンスを崩さない

　会社の見解がぶれないように、決めたスタンスに基づいて一貫して対応する。また、公表しないと決めたことは決して話さない。見解が二転三転したり、取材ごとに回答する情報が異なったりすると、大きな不信につながる。取材を受けた時点で答えられない質問については、その場であいまいな回答をせず、確認し、後から回答する。

・憶測で回答しない。嘘をつかない。隠していると思わせない

　原因や決まっていない対応方針など不明確な情報について話してしまうと、

結果的に記者をミスリードしたこととなる可能性もあるので十分注意する。もし誤った情報を伝えてしまった場合には直ちに訂正する。また、公表できない情報について「知らない」と回答すると、嘘をつくことになったり、知っていたのに隠した、ととらえられることもあるので、「コメントできない」「申し訳ありませんが、（弊社の規定で）公表しておりません」という回答が適切である。「知らない」と「話せない」は使い分けなくてはならない。

・社内用語・専門用語を使わない

　主に危機を取材する社会部の記者はとくに、業界について詳しくない場合も多いので、できるだけ平易で一般的な言葉に置き換えて説明する。社内用語や専門用語は、誤解や誤報の元となる可能性があるので注意する。

・一般生活者の視点や被害者感情を意識する

　新聞やテレビの背後には、何十万、何百万人の読者・視聴者がいる。感情的な対応や傲慢ととられるような対応は避け、丁寧で誠実な対応を心掛ける。当事者意識を欠く言動や被害者・弱者への配慮を欠く言動は、社会の厳しい非難にさらされる。

　なお、社外発表前にメディアの取材が殺到した場合、情報公開の公平性を保つためにも一社ずつ対応することは避け、至急、記者会見の開催を検討すべきである。

⑤緊急記者会見開催までの手順と実際

　多くの記者が関心を持つ事件・事故では、速やかな記者会見も必須である。危機発生後、最初の記者会見開催のタイミングや、会見での説明内容、出席者の態度はその後の報道のトーンにも影響してくる。最初の記者会見をいかに迅速に行い、悪感情や不満を持たれない形で終了させるかが重要となる。この目標を達成するには、正確で最新の情報を出すことが必要不可欠だ。

　会見の準備として必要なのは、①会見日時の決定、②会見者の決定、③会見会場の手配・設営、④会見のスタッフ手配、⑤会見案内状の作成と送付、⑥資料作成、⑦事前リハーサルの実施、である。

　①会見日時の決定：日時を決定する際には、前述のとおり新聞社の締め切り時間を考慮する。ただし、重大な事故・災害の場合は、発生後３〜４時間以内

に会見を開催する。不特定多数の第三者に被害が発生している場合もしくは発生する恐れがある場合も、できる限り早く会見を行う。なお、監督官庁など利害関係者への事前連絡を忘れないこと。監督官庁には会見を開催することを必ず報告する必要があり、また、発表によって影響を与える顧客、取引先にも可能であれば事前連絡する。

②会見者の決定：会見開催の際、誰がスポークスパーソンとして出席し、何を伝えるかは慎重に検討する必要がある。突然起きた大事故を想定してみたい。死傷者が出たような事故の場合は幹部に情報が十分に入っていない状況にも関わらず、苛立つ記者の前で会見しなければならない。この場合、事業担当の役員クラス、広報担当者のほかに現場の状況を最も詳しく話せる責任者が1人は出席すべきである。たまたま広報部長が状況を理解しているというのであれば、広報部長1人でもよい。必ずしも事故後1回目の会見に社長が出席しなければならないわけではない。第一報では、状況を詳しく知らない社長の話よりも、現場の状況に詳しい人の話を記者は聞きたがるものである。

③会見会場の手配・設営：緊急記者会見の会場については、あらかじめマニュアルなどに候補と連絡先を記載しておく。会場は、空席が目立つくらい余裕を持たせ、記者に窮屈な思いをさせないために、必ず広い部屋（200㎡以上）を選ぶ。また、できれば入り口が2つ以上ある会場で、会見者の入場口と記者の入場口を分ける。事前に会見者の動線を確認し、会見者が会場に到着してから会場を出るまで記者と動線が重ならないようにすることが望ましい。会場広報にはテレビカメラ用のスペースを設け、撮影しやすいよう台を設置する。逆に会見者席の後ろには、カメラマンが回り込んで手元の資料などを撮影されることがないよう、スペースをつくらない、ロープを張るなどの工夫をする。会見者の足元が見えないよう、会見者席にはテーブルクロスをかけるなどの細かい配慮も必要だ。

④会見のスタッフ手配：会見の際に必要なスタッフは、対策本部との連携や全体の進行管理を担う責任者や、司会者、受付係、記者誘導係、質疑応答の際に司会者が指名した記者へマイクを届けるマイクランナー、会見後に会見者が記者に囲まれてぶら下がり取材を受ける際に質問と回答の内容を記録するアテンドスタッフ、ビデオ係など。必要なスタッフ数を早めに手配しておく。な

お、会見場以外にも、本社にかかってくる電話に対応する電話番や、記者クラブに報道資料を投函するスタッフなどが必要である。

⑤会見案内状の作成と送付：緊急記者会見の案内状には、どの件に関する会見であるかが分かれば、発生した危機の詳細は不要である。以下に本文の例を挙げる。

「本日○月○日○○時に弊社○○工場において発生した○○○の事故に関して、下記のとおり緊急記者会見を開催いたします。弊社○○（主な会見者の役職）より、現在の状況と対応につきましてご説明させていただきます。」

概要には、日時、場所のほか、会見の出席者も役職名とともに明記し、問い合わせ先として当日確実に連絡がとれる電話番号を記載する。

案内状の配布先は、発生した危機の内容から判断して決定する。記者クラブに配布する場合は、記者クラブ宛に案内状を FAX した上で幹事社に電話をし、記者会見を実施する旨を連絡する。記者クラブ以外のメディアへは、各社に直接案内状を FAX する。また、案内状送付前に問い合わせのあった記者にも忘れずに案内する。案内状の送付時間は、会見開始時間の２時間前を目安とする。

⑥資料作成：作成する資料は必ず法務など社内関係部署、専任の危機管理アドバイザーなどに確認し、責任者の承認を得る。一般に準備すべき資料は、会場で配布するプレスリリース（ポジションペーパーをもとに危機の概要やこれまでの経緯、被害状況などをまとめる）、参考資料（会社概要、施設概要、現場の図面、問題になっている製品の写真、MSDS など、記者の理解を助けるもの）、会見者席順表（会見者の席順、役職名、氏名を図示する）、内部資料として会見者冒頭コメント、想定問答集、司会台本など。

プレスリリースには、発表時点で把握している情報と併せて、被害を受けた方への御見舞いの言葉や関係者へのお詫びを記載する。

想定問答集では、一問一答式の想定問答集のほか、会社の基本的な対応方針、キーメッセージ、回答のポイントなどもまとめておく。

司会者は、会見の場を制御する重要な役割を担う。記者に対し、質問の前に所属と氏名を名乗ってもらうようアナウンスし、質問者は司会が必ず指名する。同じ記者がいくつも続けて質問をする場合には、いったん質問を止めて他の記者にマイクを回すようにする。また、記者からの質問が出尽くすまで丁寧

に対応し、会見を一方的に打ち切らないよう注意する。

⑦事前リハーサルの実施：たとえ会見の直前であっても、原則、リハーサルを実施すべきである。その際、外部の危機管理アドバイザーに記者役を依頼し、以下の点について講評とアドバイスを受けることが望ましい。

・社会に対して、真摯に謝罪する姿勢が感じられるか

・言うべきこと、言ってはいけないことをきちんと把握しているか

・想定外の質問、厳しい質問に対して感情的にならずに対応しているか

・会社の見解を自分の言葉で語れているか

・想定される質問に十分答えているか

　会見本番は、次のような流れで進める。①会見者入場：必ず定刻に開始できるよう、開始時間に合わせて会見者は席の並び順に入場する。②開会の挨拶：会見者が会見席の後ろに揃ったら、立ったまま深くおじぎをし、司会者が開会の挨拶をし、会見者を紹介する。③冒頭コメント発表、謝罪：会見者は立ったまま冒頭コメントを発表する。原稿を棒読みすることは避け、できるだけ自分の言葉で語る。お詫びの箇所では全員で深くお辞儀をする。④事実関係の説明：一言断ったうえで着席し、確認できている事実を時系列に沿って簡潔に説明する。⑤質疑応答：質問のある記者に挙手を促し、司会者の指名により記者からの質問に回答する。⑥閉会の挨拶、退場：記者からの質問が出尽くすまで、できる限り時間を延長して対応し、最後に改めて謝罪をしたうえで、閉会する。ただし、会見後のぶら下がり取材は必ずあるものと考え、拒否しない。会見後の取材では、会見で話した内容以上のことを回答しないよう注意が必要だ。新しい事実が判明した場合には、再度会見の場を設け、その場で発表する。

⑥信頼回復のためのコミュニケーション活動

　危機発生時には、会社として事態を真摯に受け止め、迅速に対応するとともに、その後の決定事項や新たに判明した事実を適宜発表し、情報開示を基本としたコミュニケーション活動を継続することが、信頼の回復につながる。明白になった危機原因の発表、再発防止策の提示、関係者の責任・処分の発表などがそれにあたる。

クライシス・コミュニケーションの目的は、誠意をもって会社の見解を示し、事実を正しく説明することでステークホルダーの理解を得て、安心してもらうことにある。そもそも企業としては、事故や不祥事を起こさないよう、万全の対策を講じることが必須であるが、どんな企業も危機をゼロにすることはできない。企業が行うべきは、いざ危機が発生したとき、事実を隠すことなく社会が求める情報を提供し、事態の解決に努めるとともに、二度と同じような危機を起こさない決意を示すことである。信頼回復のベースとなるのは、経営トップはもちろんのこと、社員一人ひとりが企業の責任を認識し、社会に対する真摯な姿勢を持つことだ。広報・PR担当者には、このことを社内に啓発し、浸透させる責務がある。

⑦ソーシャルメディア、ネット上のリスク対応のポイント

ひとたび企業が不祥事を起こした際には、その企業やブランドが何を説明し、どう対応したのかを見て、評価し、意味づけ、共有、拡散が行われ、瞬時に情報が伝播する。さらに、誰もが気軽に簡単に情報発信できる環境が整い、個人がメディア化した状況で特に注意しなければならないのは、一社員の気軽な書き込みや、消費者によるネット上での"告発"がきっかけとなって、大手マスメディアが取り上げる大きな事件につながるケースである。

牛丼チェーン店のアルバイト店員がニコニコ動画に「メガ牛丼に対抗して、テラ豚丼をやってみた」として動画を投稿、これに苦情が殺到し、同店の運営会社がホームページに謝罪文を掲載したケース（2007年）以降、一社員によるソーシャルメディアでの書き込みに端を発し、所属する組織が公式に謝罪するケースが後を絶たない。食品の異物混入や店員・社員の不適切な行為など、従来であれば表面化することもなく、企業として公式に謝罪するという事態は避けられたものが、対応次第では2015年のハンバーガーチェーンの異物混入事件のように、危機へと発展する可能性を孕んでいる。

とくに最近では、社員本人ではなくその友人や家族の書き込みが、思わぬ情報漏えいにつながったり、これまでには想定しえなかったリスクが顕在化している。

2013年には、成田空港の土産物店で買い物をした著名人のクレジットカー

ド情報がツイッターに投稿された。このケースでは、接客した女性派遣社員（23歳）が、著名人のクレジットカード番号の一部と手書きのサインが記載された伝票をスマートフォンで撮影し、別の店員ら8人に送信。同日深夜に、受信した女性パート社員（19歳）が、当著名人来店の旨とともに写真をツイッターに投稿してしまい、直後にファンから画像を削除するよう警告コメントを受けてすぐに削除したものの、スポーツ新聞がこの件を報じ、広く世間に知られる事態となった。同店の経営会社はメディアの取材に応じるとともに、店員の女性パート社員の懲戒解雇処分、女性派遣社員の派遣契約解除処分について発表し、お詫び会見をしている。ネットユーザーの間では、「会社の信用問題に関わる」「なぜレシートを撮影できる状況にあるのか」「この店では守秘義務をどう考えているのか」など、企業側の管理体制に対しても批判がなされた。

　発覚後、この会社の対応は速やかだったといえるが、社員はもとより、パート・アルバイトの発言でも、業務上知りえた機密情報の暴露やお客様への誹謗中傷、職場での不謹慎な書き込みなどの場合、企業としての管理責任は免れない。このケースのように、速やかに事実を調査して問題があれば謝罪し、再発防止に向けた取り組みを表明する必要がある。

　さらに、もう一つ事例を紹介したい。

　2015年、銀行の支店に人気アイドルグループのひとりが来店したことを同支店で働く母親から聞いたとして、社員の娘がツイッターに投稿して騒ぎになった。この銀行も、直ちに調査し、謝罪することで速やかに収束させた対応として評価される。社員の家族による投稿という想定外の事態と受け止めたかもしれないが、同様の書き込み事例は過去にも起きている。2011年、大手菓子メーカーの未発表の人気商品新作パッケージ写真とCMに起用予定というアイドルの名前がツイッターに書き込まれた。書き込んだのは「父が会社でお菓子の担当してる」という女子高生で、悪気なく書きこんで、問題になった事件である。企業には、自社名や製品ブランドに関し、ソーシャルメディア上の書き込みをモニターする体制が求められているといえる。

　企業としては、社員に対し、ソーシャルメディアガイドラインやポリシーをしっかり説明し、何よりそれが本人を守ることにつながるという意識を持たせたい。全社員への教育徹底を図るためには、形骸化しやすいガイドラインの策

定にとどまらず、ガイドライン配布に伴う研修が効果的で、過去の事例を具体的に提示しながらその影響力を実感させ、一人ひとりの危機意識を高めていくしかない。公の場で、機密情報やプライバシーに関わる話をしないこと、誤解を招くような偏った発言をしないことは、当たり前のことのように感じるが、入社前の内定者や新入社員、パート社員などでは、理解が不足しがちである。ソーシャルメディアでの書き込みが、公の場での発言と同じ意味を持つということが理解されれば、自ずと不適切な書き込みはなくなるはずだ。たとえ実名を伏せて利用しているソーシャルメディアであっても、自分の名前を明かして言えないようなことは発信すべきでない。ソーシャルメディアという新たなツールに対する理解が深まる間もなく急速に影響力を増している今、当たり前のことを改めて確認する必要がある。本人が気づかず、違反しているようなことのないよう、会社として十分指導、注意すべきである。

　前兆を発見した場合は、書き込み内容の真偽を見極めるため、場合によっては水面下で調査し、事態を評価し、対応しなければならない。万一、不正や反社会的な行為と見なされるような事実、情報漏えい、放置すれば被害が出るようなケースが判明した場合は、速やかに情報をまとめて自ら公表する必要がある。責任ある企業として、判断の遅れ、対応の遅れは、他の危機案件同様、致命的な事態になりかねない。

　また、危機のレベルに発展した際は、ソーシャルメディアの不祥事対応であっても、基本はこれまで企業が取り組んできた危機管理広報と同様、万一の際は開き直ったり、責任転嫁したりせず、誠実に対応し、謝罪すべきは謝罪するという当たり前のことが求められる。特に透明性が期待されるネット世界においては、情報を抑え込もうとしたり、嘘をついたり攻撃したりすることなく、パブリックリレーションズの基本である、ツーウェイコミュニケーションをベースに理解と信頼、共感を得ることが重要である。。ただし、注意が必要なのは、多くのケースではソーシャルメディア上の書き込みに対して、個別に反応し、ソーシャルメディア上でやりとりすることは慎重にすべきである。個人のブログ記事やソーシャルメディア上での書き込みが発端で問題になった場合であっても、自社に非が認められれば自社のHPや記者会見などの公式な場で情報を開示し、コメントすべきである。

（2）ケーススタディ　危機管理広報成功事例・失敗事例

①食材偽装の事例

2013年、ホテル運営会社の8ホテル1事業部の計23店舗47品目で、メニューと異なる食材を使用していたことが社内調査で判明し、同社はこのことを自主的にリリース。これを受けてメディアからの要請に応じる形で記者会見を行った。会見では「偽装ではなく、誤表示である」と繰り返し説明し、最終的に社長が辞任する事態となった。

初期対応の問題点として、まず公表の遅れが指摘されている。社長が第一報を受けた約3ヵ月後に消費者庁に事実を報告しているにも関わらず、その後の公表までに2週間近くかかっており、「消費者目線が欠落していると同時に、問題を軽く考えていたのでは」との批判につながる結果となった。また、情報開示に対する消極的な姿勢が同社に対する不信を増幅した。当初のリリース発表は、常駐記者がほとんどいない記者クラブへの配布、ならびにメディア各社へのファックスのみで済ませたため、居合わせた記者は紙を置いて帰ろうとした担当者に説明を求め、ファックスを受け取った記者は問い合わせのために電話をかけ続けたようだ。リリースの内容を十分に説明しなかった結果、同社が誤表示と判断した23店舗47品目という数字が独り歩きし、メディアからニュース価値が高いと判断されてしまったといえる。

会見で同社への批判を高めたのは、「あくまで誤表示であり、故意ではない」とするスタンスに固執した点だ。その一方で、故意ではないことを裏付ける具体的な証拠は提示せず、記者からは説明の矛盾点を繰り返し追及され、社会への印象を悪くした。その後も、誤表示なのか偽装なのかについて、会社の見解が二転三転し、「企業の論理」を主張し続けたことと併せて、ブランド全体の信頼失墜を招いた。

②異物混入

2015年初頭、世界最大手のファーストフードチェーンを運営する食品会社は、異物混入の恐れがあるとして、該当商品の提供中止を公表した。これを受けて、SNSをはじめ新聞やテレビのスクープ報道によって商品への異物混入が次々と発覚。事態を重く見た同社は記者会見を開き、4件の異物混入につい

て説明したが、会見は3時間に及び、その後も相次ぐ異物混入とその対応、社長不在の会見など広報対応が批判的に報道された。

　とくに、最初の会見の際、過去の異物混入に関する質問に対して一切回答せず、あらかじめ会社側が決めた事項以外の情報開示を頑なに拒んだこと、また、過去の異物混入の件数や公表の社内基準に関しても「社内規定なので話せない」の一点張りだったことが非難された。さらに、消費者を疑う発言、「対応は適切だった」と繰り返し主張したことが反感を呼び、ネットでも「開き直り会見」と批判され問題を大きくした。食品業界において、現実的には防ぎようのない異物混入に対し、「全面的な責任はない」とする本音の部分がにじみ出たといえる。対応がマニュアル通り「適切に」行われていたとしても、消費者感情を一度受け止める対応が必要であった。

　また、登壇者が事実関係をよく確認せずに発言したことで、記者から資料との食い違いを指摘されたり、後の取材で異なる回答がなされたりということが続き、同社が発信する情報への信頼性を低下させた。

　本来であれば個別の対応で済むはずの問題との見方もある中、現場で消費者の対応にあたった店員の意識や態度が誠意に欠けていたがために、広く世間から注目され非難される事態へと発展し、社長の不在も必要以上に批判される結果となった。平時の危機管理の重要性を示唆する事例だ。

③化学会社の工場事故対応成功事例

　2012年、国内大手総合化学メーカーの山口県の工場で、タイヤの接着剤の原料を製造するプラントが爆発炎上。この事故により工場作業員1人が死亡、周辺住民14人を含む25人が重軽傷を負ったほか、工場周辺992件の窓ガラスが割れるなどの被害が発生した。同社は、事故発生から2時間後には、集まったメディアに事故の状況説明を開始し、事故発生から4時間45分後に工場長が1回目の会見、当日の夜にはトップが現地で会見を行い、事故調査委員会の設置と被害者への補償方針を公表した。事故発生から5日間は毎日継続的に会見を開き、同社HPのニュースリリース欄でも被害状況と対応状況について最新の情報を随時アップデート、鎮火後はメディアに事故現場も公開するなど、積極的な情報開示がなされた。被害者・地域住民に対しては、事故当日の朝一

番の飛行機で現地入りしたトップが、会見前に死亡した社員の遺族や負傷者に面会、社員は周辺住民を戸別訪問し謝罪した。

　トップの素早い決断と率先して解決にあたる姿勢が評価され、事故後の同社の対応を非難する記事はなく、客観的な報道のみで収束に向かった。公表のスピード、開示姿勢、誠意の伝え方、トップのリーダーシップ、発表内容の一貫性、すべての広報対応が評価できる。同社の同じ工場では過去に二度事故が起きており、３年前には別の工場でも爆発事故が起きていたことから、その教訓が生かされていないと指摘する声もあり、事故後の広報対応を誤れば、厳しい批判も免れえない状況であったにも関わらず、メディアに対して逃げずに真摯に対応したことによって信頼を得た例である。社会が危機そのものでなく、その後の企業の対応を見ていることがよくわかる。

④情報漏えい事件に見る企業の対応

　2014年、教育事業会社が顧客情報760万件（最大で2070万件）が流出したことを発表して問題が発覚。子どもの情報であったことや、その後に被害が拡大したこと、さらには派遣社員が逮捕されたことが大きく報道された。同社は問題発覚後、その後の決算発表で「顧客への補償や文書の発送、セキュリティ対策などで合計260億円を特損計上」を発表。子会社の元派遣社員のSEが不正競争防止法違反で逮捕・起訴されている。

　発覚当初は名簿屋から情報を購入した別の会社が批判される場面もあったが、情報漏えいの拡大や身内からの容疑者逮捕を受けて、情報を漏えいさせた同社に対する厳しい論調へと変わっていった。批判的な論調が他紙に拡大していった。

　情報漏えいを発表した初期の段階では、「クレジットカード番号などのセンシティブ情報は流出しておらず、金銭的謝罪は考えていない」としたが、「詫び状だけですますのか」「情報が出回り気持ち悪い」などの顧客の反発の強まりを受け、後日の会見では「200億円の原資を準備し、お客様に謝罪する」と補償する方針に転換した。補償についての回答は慎重になされるべきであった。

　また、最初の記者会見ではトップによる不用意な発言も見られた。深々と謝罪する一方で、「被疑者は、我が社のグループ社員ではございません」と言い

139

切ったことや、「情報を流出させた側も、利用した側も明らかに悪意がある」
とした発言が、当事者意識の欠如、責任転嫁ととらえられ、ネガティブに受け
止められた。

　問題の社内調査が進む中で、予定通り社長就任の説明会を行い「通信教育
事業の最大化なくして次の戦略はない」などのメッセージを発信していたこと
も非難された。

■ 3. 企業の危機管理体制の構築

　私は常々企業の危機管理のポイントは、「危機意識を高く持ち危機の兆候を
事前に察知して未然に防ぐ」「起こりうる危機に備えて準備をしておく」「危
機に上手く対応して被害を最小限にする」の三つに集約されると考えている。
そこで、まず初めに企業に危機管理システムを導入するときの定石、手順のポ
イントを整理してみたい。

（1）トップの決意と体制構築推進のための組織

　企業における危機管理体制構築のためには、経営トップのリーダーシップが
最も重要である。危機管理の重要性の認識、本格的な取り組みへの決意と明確
な方針の指示、さらにはこのことを表明することがその後の導入をスムーズに
する。その後も、リスクの認識と評価、リスク管理状況の検査・点検、業務優
先順位や回復レベルの承認、対応マニュアルの承認などをはじめ、見直しのた
めのレビューや全社レベルでの訓練の実施についても積極的に関与すべきであ
る。「危機管理は経営マター」ともいわれるほど、危機管理体制の構築におい
て経営トップの果たす役割は大きい。

　つぎに、企業において危機管理体制構築を推進する場合、その中心的組織
（危機管理委員会、もしくはリスク・マネジメント委員会など）を定め、トッ
プ以下を含む全社的な取り組みとすることが重要である。危機管理に積極的な
企業では、リスク・マネジメント室、CSR部、リスク・コンプライアンス部
など専門の部門を設けている場合もある。総務部や広報部、法務部など、特定
の部門が担当する企業もあるが、本来、すべての部門、すべての社員で取り組
む必要がある危機管理体制の構築においては、組織横断的な委員会制度を導入

したほうが機能すると考えられる。トップをはじめとする経営層の理解と日常的な全社的取り組みがとくに重要となるからである。実際に危機が発生した場合も企業内の関連部門との連携と協力、調整が必要となる。

（2）危機管理体制の構築プロセス

危機管理体制を構築するための一般的なプロセスは、広報担当者としても把握しておくべきで、そのステップとしては以下の３つのフェーズに分けることができる。

①全社的なリスクの洗い出しと優先順位付け、
②優先順位の高いリスクについて日常の管理体制整備
③実際に危機が発生した場合の対応

ではつぎに、代表的な導入のステップについて考えたい。

①ステップ１：全社的なリスクの洗い出しと優先順位付け

危機管理体制の構築においては、先ず、経営トップが基本的な取り組みの方針を打ち出し、クライシス・マネジメント委員会などの中心的組織を設定することになる。この組織では、全社で抱えるリスクを洗い出し、リスクに対する評価を行うことからスタートすることが多い。

昨今の企業を取り巻くリスクは多岐にわたるが、その危機に対する準備、対策を怠ったため、危機発生時に適切な対策がとれず、生活者の被害を拡大するような事態が生じれば、その責任を厳しく追及されるだけではなく、社会的信用の失墜を招き、顧客を失い、企業としての存続を脅かされる事態に発展しかねない。

そのような事態に陥らないよう、先ずは企業として持続的に発展していく上で障壁となるリスクを正確に把握し、優先順位付けを行うことが危機管理の第一歩となる。また、「個人情報流出」「匿名書き込みサイトやブログなど、SNS による批判・中傷」など、十数年前にはあまり意識されなかった、あるいはそもそも存在しなかったリスクなど、さまざまな点で性格の異なるリスク

図表8-4　企業を取り巻く危機一覧

経　営	情　報	工場・設備
・労働ストライキ ・不安定な労使関係 ・株価の下落・変動 ・市場の崩壊 ・収益の低下	・重要・秘密情報の漏洩 ・にせ情報・データの改竄 ・顧客・仕入れ先等に関する 　コンピュータ情報の喪失 　　　　　　　（例：YK）	・主要な設備・工場・原料供 　給ルートの損傷 ・主要工場・設備の操業停止 ・主力工場の崩壊

人　材	信　用	反社会的行為	自然災害
・主要経営幹部の離反 ・主要スタッフの離反 ・無断欠勤の増加 ・不法行為や事故の増加 ・職場での暴力	・中傷 ・ゴシップ ・悪意のジョーク ・信用失墜 ・会社ロゴの変造	・製品へのいたずら ・誘拐 ・人質をとった脅迫 ・テロリズム	・地震 ・火災 ・洪水 ・噴火 ・台風

（出所）イアン・ミトロフ氏作成

が誕生してきており、常に新たなリスクを意識しておかなければならない。

　リスクの洗い出しで注意すべきは、グローバル化、技術の進化、社会の複雑化など、企業を取り巻く環境は常に変化し、リスクが一層多様化する傾向にある、ということである。したがって、企業の危機管理において、企業活動を取り巻くすべてのリスクを管理（Manage）するということは、現実的ではない。

　このため、企業ごとにリスクを洗い出し、自社の経営に大きな影響を与えるリスクに対し対策を講じ、準備することから始めることが重要である。

　リスクは、企業の外部の要因に起因するリスクと内部で発生するものに分けることもできる。外部の要因に起因するリスクは予防・回避、未然の防止を行うことはきわめて困難であるが、自社に起因する内部要因のリスクに対しては、何よりもリスクを発生させない、あるいは発生回数を減少させるための施策を立案し、実行することが重要となる。上図は、主要な危機のカテゴリーである。

　つぎに、認識し評価したリスクについて、対応・対策の優先順位付けを実施する。優先順位は、あるリスクが発生した場合に自社の企業経営にとってどの程度の影響度（インパクト）があるかという点と、そのリスクの発生頻度（発生の可能性）を検討して決定する。リスクの大小は、通常、次の計算式による数値で評価できる。

リスクの大きさ　＝　発生頻度 × 影響度

　この計算式によって高いスコアとなったリスクが、一般的に優先度が高く対応が必要なリスクである。横軸に発生頻度、縦軸に影響度をとって、相対的にそれぞれのリスクがどのポジションにあるかプロットして作成した図を「リスクマップ」と呼んでいる。

②ステップ２：危機管理マニュアルの作成とトレーニングの実施

　ステップ１で優先順位が高く特に対応を要すると定めたリスクに対しては、危機に発展しないよう、各リスクに応じた担当の事業部を定めて管理体制をチェックし、個別のリスク対策を検討することが求められる。

　具体的には、それぞれのリスクについて、より詳細な被害想定の実施や復旧レベルの設定を行った上で、リスク回避・リスク軽減・リスク移転などの対策を実施する。また、そのリスクが発生した際の対応方法、有事の際に優先する業務及びその遂行方法、要員配置、復旧レベル及び復旧方法などを詳細に検討し、これらの事項について「危機対応マニュアル」といった形でまとめる。優先順位の高いすべてのリスクに対応できるマニュアルを作ることは、膨大なボリュームとなって現実的でないため、いくつかのリスクについて危機発生シナリオを置いた上で被害想定を行い、その際の対応をパターン化するといったアプローチがとられることが多い。この手法は、広報・PR担当者が「緊急時のメディア対応マニュアル」「危機管理広報マニュアル」を作成する場合でも同様である。

　コンプライアンスマニュアル、危機管理マニュアルなど、ガイドラインのマニュアルを作成する意義の一つは、コンプライアンスプログラムや行動基準を設けることにある。何をすべきかだけでなく、何をしてはいけないかを含む明確なルール化が求められる。危機管理マニュアルには、危機対応の基本方針、誰が何をするのかといった役割、起こりうる危機のケース別シナリオ、連絡体制などを明記しておく。マニュアル作成では、①最悪のシナリオも準備すること、②想定シナリオについては、発生時間・場所・原因・影響範囲についてできるだけ具体的にし、前提条件と不確定要素を明確にしておくことが必要であ

る。広報担当者にとっては、さまざまな危機に適切に対応するために、応用の利くマニュアルが望ましい。

つぎに、作成したマニュアルを社内に周知するための説明会、各サイトへのキャラバンを行うなど社員教育と、マニュアルにしたがって実践で対処できるようにするための研修を実施する。万一の際に、適切な初動と意思決定がなされるか否かは、経営トップを含む社員全員がマニュアルを理解し初期対応の基本を身に付けているかどうかにかかっている。マニュアルは、実際の危機の現場で実践できるかどうかが特に重要である。現場の声をよく聞いてマニュアルの不備や不都合な点を確認し、修正しなければならない。このレビューを通じた修正のプロセスはとくに重要となる。

平時には新たなリスクについて、評価・優先順位付け、対応・危機発生シナリオへの織り込みを行うほか、トレーニングの結果を常にフィードバックして危機対応の体制見直しやマニュアルのリニューアルを行う、というプロセスを繰り返すことにより、緊急事態発生への心構えと準備、組織としての体制を整備する。

企業に危機管理体制が上手く根付くかのポイントは、トップから一般社員まで、全社レベルで危機意識を高く持ち、危機の兆候を事前に察知して未然に防ぐことができるようになることである。事前準備の中で、経営層や危機管理担当の幹部に危機対応のイメージを持ってもらう最も有効な手段がトレーニングである。

危機対応マニュアルなどで、何をすべきか、何を伝えるべきかを定めているだけでは、現実の危機に直面するとなかなか行動できない。万一の際の火災における避難訓練と同様、実際に体験することが必要である。危機を想定したシミュレーション・トレーニングを受けておくことで、マニュアルも生きてくる。起こりうる危機を想定し、関係者が対策を協議するといった訓練をはじめ、対策本部として部屋を用意し、本番さながらに全社で組織的対応を行う企業も増加している。

広報担当者は、たとえば製造拠点での防災訓練がある場合は、訓練の最後に、想定危機のシナリオを用意した緊急模擬記者会見を実施することを提案すべきである。広報担当役員や経営トップに半日時間を取ってもらい、「火災で

数名死亡」「不具合製品の回収が遅れ、多数のけが人が出た」など、自社に起こりそうな危機のシナリオを用意し、「模擬謝罪会見」として行うメディアトレーニングは、極めて有効である。とくに最近は、「隠した」「ウソをついた」など、緊急事態が起こった後のメディアへのコメントのまずさが加速度的に危機を拡大させている。こうした傾向に備えて模擬会見を経験しておくことで、経営トップの危機管理意識も高まる。もし社員が経営者に対して実際の記者のような厳しい質問をぶつけられないようなら、専門のコンサルティング会社など外部講師に依頼することで、緊張感のあるトレーニングとなり、高い効果が期待できる。

③ステップ3：実際に危機が発生した場合の対応

　不幸にして実際に事件事故などの危機が発生した場合の対応、あるいは不祥事に発展すると予見された案件への対応が、ステップ3である。

　危機の発生は一般的には、危機発生の予兆（予測）、危機の発生、被害の進展、収束・回復という時間軸で推移する。危機発生時に際して最も重要なことは、「直ちに適切な対応をとり、早期に収束させること」である。この目的は広報担当者が担うクライシス・コミュニケーションも同様である。

　重大事故など大規模な危機対応では、あらかじめマニュアルなどで定めた組織（通常、対策本部）を中心に、全社を上げて短時間で対応しなければならない。危機のレベルに応じた対応組織と対策本部長となるべき役職者、誰が何をするのかといった役割なども事前にガイドラインを作成して明確化しておくことが望ましい。

　対策本部では、①情報収集、②危機の評価・分析、③意思決定と危機対応、④クライシス・コミュニケーションの4つ機能を果たすための人員が即座に動員され、本部長の指示のもとで対応を行うことになる。危機発生直後は正しい情報をいかに早く部門責任者やトップに通報できるか、また、危機の情報を迅速に収集できるかが課題で、緊急連絡網やコミュニケーションの手段が適切に保たれているかといった、危機発生前の準備が重要となる。

　不祥事の発覚や不測の事態、あるいは災害・事故との遭遇などの危機は、企業活動にとって望ましい話ではないが、どの企業においても起こりうる。イン

ターネット上においてもきちんと対応できる準備が必要だ。なぜなら、その対応の姿勢によってその後に得るもの・失うものに大きな差が表れてくるからだ。

今まで事件や事故、あるいは不測の事態を真っ先に報道するのは新聞やテレビなどのマスメディアだった。しかし今ではその場に居合わせた人々が携帯で写真や動画を撮り、掲示板やコミュニティにアップする。そしてそれらの情報を見た人々は、当該企業がどのような対応をしているのか、それぞれの企業のWebサイトを訪れ、企業の対応姿勢を逐次確認する。一刻を争う事態においては一目で必要な情報にたどり着き、すみやかに迷い無くアクションを取れるようでなければならない。

そこで危機対応など有事の際にはトップページ全体を必要な情報のみのページに差し替えることがある。このような危機対応時のトップページを「シャドーサイト」と呼んでいる。企業ごとにあらかじめ想定できる有事やリスクに合わせたフォーマットなどで用意される。

（3）速やかな「初期段階の危機情報の共有化」を目指せ

以上が、私が顧客企業と一緒に危機管理体制を構築するときの一般的な手順であるが、このすべての段階において、最も重要と考えているのが、「リスク・コミュニケーション」である。

一般にクライシス・コミュニケーションが危機発生後にメディアをはじめその他ステークホルダーに対して危機に関する情報提供、説明を行うとともに、情報を交換し合う双方向のコミュニケーション活動を言うのに対し、リスク・コミュニケーションとは、危機発生後ではなく、平時における「危機情報の共有化」を指す。

例えば、「初期の警戒信号」（アーリーウォーニング）の速やかな報告だ。危機管理では危機を兆候の段階で察知して管理し、未然に防ぐことが何より重要なのだが、「この初期の警戒信号」に誰かが気づいた場合でも、上司やしかるべきセクションと情報が共有されなければ、効果的な手が打てず、危機的状況に陥ってしまう。リスク・コミュニケーションなくしては、危機管理は始まらないのだ。

ところで、リスク・コミュニケーションは社内だけの問題ではない。消費者や株主、地域住民、社員など、事前にリスク情報を共有すべきすべてのステークホルダーへの情報提供と意思疎通と考えておきたい。

注目すべきは株主向けである。金融庁が2004年3月期の有価証券報告書から上場企業に経営上のリスク情報開示を義務付けた。これに伴って企業は多様なリスク情報を自ら公開し始めている。実例としてすでに公開されたものの中には「一人の経営者への依存度が高い」「事故の影響で連結売上が大幅に下落する」「訴訟係争案件が〇件ある」「全売上高に占める特定商品の割合が98％」といった経営リスクがある。

従来、消費者保護の傾向は顕著であったが、今後、企業は重要なリスク情報を開示しなかったために投資家に損害が発生した場合、訴訟に発展する可能性が高まっており、リスク・コミュニケーションは個人投資家を保護する動きとしても注目されている。

(4) リスク・コミュニケーションで、不正行為を抑止する

さて、自動車会社のリコール隠しなどのように危機に直結するリスク要因は企業ごとに異なるが、リスク顕在化の場面における内部告発も、企業がリスク・コミュニケーションの考え方を取り入れることで低減できる。

例えば「法律はいうに及ばず、会社が定める規範に反する行為については、これを発見した場合、または不注意により自ら行った場合も含め、速やかに担当者またはコンプライアンス担当顧問弁護士のいずれかに報告・相談すること」「通報者が報告や相談をしたことで、当人が不利益をこうむらない」と公表する。社内に独立した相談窓口や顧問弁護士の事務所にホットラインを設置するなど内部で相談できる環境を整えることが必要で、効果的でもある。通報制度はスピークアップ制度とも呼ばれ、違法・不正行為を抑止する効果があるとともに、不祥事発生の場合の迅速な把握と是正を狙いとしている。

企業は、告発者探しにうしろ向きのエネルギーを費やすのではなく、リスク・コミュニケーションを理解して、不祥事を未然に防ぐべきである。

（5）経営トップの迅速なリーダーシップ

　実際に危機が発生してしまった場合の対応も、成否を分けるのは、経営トップの「問題解決」に向けたリーダーシップとスピードである。

　乳業メーカーの食中毒事件、自動車エアバッグの事故対応、洋菓子メーカーの消費期限切れ食材の使用、瞬間湯沸かし器事故などのケースは、初期のマスコミ対応失敗に加えて、経営者が実態を甘くみていたことで実態以上に危機が拡大した事例である。トップ自ら積極的に問題の解決に取り組み、ダメージを最小限にとどめた事例としては、営団地下鉄日比谷線の中目黒脱線事故、ジャパネットたかたの個人情報漏洩事件、大手自動車会社の執行役員逮捕の会見などが挙げられる。

　危機に直面した経営者は、企業として正しい対応とは何か、社会的要請は何かを考えた上での判断を行わなければならない。不利な情報を隠すのではなく、速やかに適切に開示していくことで、一時的なダメージや経済的損失が出たとしても、長期的には誠実な企業として評価されるのである。また、緊急事態の際は、さまざまな意見が飛び交うため、経営トップの強力なリーダーシップがなければ問題の解決は困難になる。企業の広報部は、このためにも平時から経営トップとともに「危機に向き合う心構え」を共有し、広報の権限を確立しておくこととが望ましい。広報は常に上を見ないで社会を診ることが求められよう。

（6）クライシス・コミュニケーションの実際とポイント

　危機の際は、経営陣および危機管理チームと連携し、最も重要なクライシス・コミュニケーションを担当しなければならない広報の実務家は、以下の点に注意して緊急事態の際のメディア対応を行う必要がある。

①即座に行動せよ

初期の数時間で明暗が分かれる

　筆者の経験では「不祥事発覚後、わずか半日の初動対応の遅れでも企業の評価は分かれる」と感じている。実際に危機が発生した場合、初期対応の優劣がその後を大きく左右する。何より「スピード」が求められることが少なくない。

人命に関わる事態であれば、危機発生から2時間以内の会見開始が目安と言われる。その他緊急性を要する場合は、遅くとも4時間程度での実施が望ましい。

危機に遭遇した企業は、きわめて初期の段階で重要な決断を迫られる「クライシスの局面」が少なからずある。ボヤが大火とならないうちに、的確で素早い「取捨選択」も求められる。危機発生時、どのような組織であっても問題を過小評価する傾向があるが、少なくとも広報は、常に最悪のシナリオを想定しながら事態を先読みしなければならない。

事前に用意された危機の際のメディア対応マニュアルがあれば、その方針に沿ってプランを立てる。記者会見までの準備としては、以下のような項目が挙げられる。

1. おかれた状況を客観的にとらえて、メディアにとってのニュース価値を判断する
2. 直面する問題の明確化と解決策、達成すべき状況を想定する
3. 解決に向けた対応の責任者を決定する
4. 情報開示の方針と詳細、スポークスパーソンを決める
5. ポジションペーパー、報道用資料、QAなどを用意し、情報開示に備える
6. 情報開示後のクライシス・コミュニケーションプランを考えておく

これまでに相当数の企業危機を経営幹部と協議してきた経験から言えることは、「知っている」ことと、「実際にできる」ことの間には大きなギャップがあるということだ。多くの幹部や広報部長も「緊急事態の場合は直ちに対応しなければならない」ということはすでに理解し、知っている。しかし、実際の危機発生時には、「事実がつかめない」、「まだ状況が変化している」、「そんなはずはない」、「社長がいない」といった声に押され、事態を直視できずに判断が遅れてしまうことが少なくない。タイミングを逸することなく、決断力を持って、明確な行動をとることが求められる。

②情報開示の姿勢

ともかくメディアには、有益で正確な最新情報を直ちに提供せよ

企業の危機対応の評価を決めるとされる発覚後の初期のクライシス・コミュニケーションでは、隠さず、ありのままの情報を提供することが必要になる。

　前述のように危機発生によって企業が被るダメージは、その問題をメディアがどのように扱ったかによるところが大きく、「報道のトーン」はその企業の初期の「メディア対応」で方向付けられる。

　日本のジャーナリズムは、「原稿は足で書け」と言われるように、取材記者は直接現地に出向き、直接対象に取材する傾向が欧米の記者に比べて強い。事故など突発的なニュースは記者に大きなプレッシャーを与える。締め切り時間の制約があり、限られた時間内で情報を収集し、記事化しなければならない上に、ライバル紙との激しい競争もある。そのようなプレッシャーの中で、必要十分な事実を当該企業の広報から確認できないという状況は、記者を必要以上に苛立たせてしまう。また、「知らない」、「わからない」、「そんなことはない」、など明らかな虚偽報告や、明白な事実の否定、隠蔽、取材拒否のような対応は、結果的に、実態以上に危機を拡大させるリスクを高めることになる。

　このため、緊急時で人員が十分でなくても、情報量が不足していたとしても、記者からの電話での問い合わせには必ず応じなければならないし、多くの記者が関心を持つ事件・事故では、速やかな「記者会見」も必須である。

　把握している情報量と会見実施の優先度はケースバイケースで変わってくるが、いずれにしても危機が発生してから記者会見開催の判断を下すまでに時間を潰してしまわないよう、予め自社の基準を設けておくべきである。

　いつまでも会見を開かない、説明しない、ではメディアの反感を買い、取材要求が強まる一方となる。メディアの後ろには、生活者がいることを忘れてはいけない。「問い合わせへの対応」と「緊急記者会見」で、何も隠していないこと、情報開示する姿勢を見せることが重要である。

③社会部記者の視点は、生活者の視点

　クライシスの第一報はおおむね以下の３つの観点から取材され、報道される。

　①何が起こったのか
　②原因は何か

③なぜ防げなかったのか

　第1の「何が起こったのか」は、事件・事故や不祥事の内容。第2の「原因は何か」は、それが単純な事故なのか、構造的な問題なのか、あるいは人災なのか。個人の不祥事なのか、会社ぐるみか、または、業界の制度疲労なのか。第3の「なぜ防げなかったのか」は、日頃の管理状況、事故の兆候、過去の同様の事故、再発防止策は、といった点になる。初めの会見でしっかり記者を納得させられるかが分かれ道と言えよう。意図的な「隠蔽」や「うそ」は論外だ。

　多くの場合、第一報の段階では状況の詳細は把握できないが、判明した事実を伝えるべきである。事態が収束に向かうまで、情報開示は定期的に行う。また、まだ原因が不明の場合でも、自社が関与する場合は、「ご迷惑、ご心配をおかけし申し訳ない」という姿勢を表明すべきである。

　重大な違法行為が社内調査などでわかり、発表まで多少時間が稼げる不祥事の場合は、原因を含む事態の全容を把握し、再発防止策と処分を含む責任を明確にする。その上で、社長出席のもと、一度の記者会見で収束させることが望ましい。

　いずれにしても社長が出席する謝罪会見の場合、その目的は、「心からの謝罪」と「二度と起こさない強い決意」を伝えることが必要になる。

　クライシス・コミュニケーションの重要な点は、責任ある企業として一般社会、生活者からの理解や信頼を得る誠実な情報開示、対応ができたか、ということである。

　危機はどの会社でも起きうる。このため一度危機を経験し、危機を乗り越えれば、会社が鍛えられたということであり、社内が結束して危機に立ち向かったということでもあり、存亡の危機を乗り越えたということでもある。

　企業は、リスクが顕在化しないようあらゆる手段を講じて上手に管理し、危機に出くわさないよう予防しなければならないが、危機が起きても、事前に対策が十分確立され、準備できていれば、必要以上に恐れる必要はないのである。

（江良　俊郎）

第9章

IR活動とディスクロージャー

1. インベスター・リレーションズ（Investor Relations ＝ IR）

　IRは、株主・機関投資家、証券アナリスト、ファンドマネジャー、などを対象とするコミュニケーション活動である。従来は財務部門が業績の開示を担当し、総務部門が株主総会や株主優待業務を担当していたが、2000年頃から広報PR部門にIR担当者を入れる企業が増加してきた。

　IRは、当初は日本企業が海外で資本調達するために義務的に対応していたが、外国人投資家による日本企業への投資が増加してくると、彼らの情報開示の要請に応えるために積極的なIRが重視されるようになった。また海外の機関投資家は情報開示だけでなく、コーポレート・ガバナンスへの介入を要求するなど企業経営の根幹をIRが動かす時代になってきている。

　2000年代に入ると欧米ではIRの側面からCSRを重視する動きも出てきた。「CSRを重視する企業が長期的には成長する」という視点から「社会的責任投資」（Socially Responsible Investment ＝ SRI）が盛んになりつつある。

　その他、企業の透明性、情報の開示、とくにマイナス情報の開示なども厳しく問われ、必然的に説明責任（アカウンタビリティ）が要求されるようになった。広報・PRの基本姿勢にIRのグローバル化がもたらした影響はかなり大きい。

　ここでは、ディスクロージャー（情報開示）のルールを中心に整理し、その周辺に位置づけられる実務上の要件についても触れる。また、IR活動を進める上でそのスタッフの役割とツールの要件について整理する。

2. 情報開示のルール─制度的開示─

　IR活動を進める上で最低限必要なのが、会社法や金融商品取引法などの法律に基づくもの（法定開示）や証券取引所などが定める諸規則に則ったもの

第9章　IR活動とディスクロージャー

（適時開示）である。この二つを制度的開示という。これらに加えて、IR戦略として他社と差別化できるのは、資本市場に対する自発的な情報提供（任意開示）の巧拙であるともいわれる。このようなIR活動を通じて、資本市場に対して自社の特性、すなわち強みや弱みを伝え、自社を取り巻く環境、すなわち事業機会や脅威を説明するとともに、そのなかで得られた過去の業績や将来に向けての戦略やその実現可能性を伝えることが重要になる。

　投資家は自己責任原則に基づいて有価証券投資を行っており、投資判断に必要十分な情報を得ることが前提となるが、投資家の獲得できる情報には限りがあり、株式を発行する企業側に存在する幾多の情報との非対称性が存在してしまうことは仕方のないことではある。IR活動とは、ディスクロージャーによって、このような情報の非対称性を解消することがその目的であるとも定義できる。

（1）法定開示（制度的情報開示その1）

　法定開示とは、会社法や金融商品取引法など、国の法律に基づいて投資家の保護を目的に行う開示制度のことである。ディスクロージャーのなかでも、最も基盤になる活動と位置づけられる。

　会社法においては、株主の権利の保護を中心にして必要な情報開示が定められている。株主に対する配当可能利益を示すために、株主総会における議決権行使に必要な情報が株主に直接開示されることなどが求められている。また、出資比率に応じて、株主の権利は異なり、帳簿閲覧権などにより開示可能な情報が異なることには留意が必要である。

　金融商品取引法（金商法）においては、既存の株主に対してだけではなく、広く投資家に対して、詳細な情報開示をすることが求められている。有価証券報告書はもちろんのこと、株式発行を公募で行うような場合には、発行目論見書と有価証券届出書の発行が義務付けられている。また、株価を意図的に上下させるような行為「相場操縦」、根拠のない情報を流通させる「風説の流布」、さらには、インサイダー情報に基づく株式の売買を行う「インサイダー取引」や情報開示を怠るなどの「不実開示」などが禁止されている。

　これらの法定開示による情報は、あくまで必要最低限のものであり、投資判

153

断をするために必要十分なものには程遠いといっても過言ではない。たとえば有価証券報告書は、データは正確かつ詳細ではあっても、専門的な内容も多く分かりにくい。また株主総会を経てからの報告となるため、決算発表から1ヵ月以上たっており、適時性（タイムリー）のある情報開示とはいえない。

（2）適時開示（制度的情報開示その2）

　法定開示における適時性を補完するのが、証券取引所の規則などに基づく適時開示、タイムリー・ディスクロージャーと呼ばれるものである。たとえば、決算発表を四半期毎に行うことを求めていたり、業績予想が大幅に修正される際にはその開示を求めたり、大幅な資産価値の変動や将来の業績に大きく影響を与えるような決定があった場合などに、その内容を開示することが求められている。「重要事実」と定義されたことが発生した場合に速やかな発表をすることが、その基本観である。

　重要事実として、たとえば、M＆Aなどの大規模なアライアンスの決定がなされた場合にはそれが将来の大幅な業績変動につながる、と見なされている。発表している業績予想において、売上高の10％以上、利益の30％以上の変動が予想される場合も投資判断に大きな影響を与えると見なされ、速やかな発表が求められている。このような重要事実が社内のごく一部ではあっても情報として流通している場合には、インサイダー取引の温床ともなりかねないので、速やかに発表することは発表する企業側にとっても理にかなっていると解釈できる。

　投資家の投資判断において有効な情報は過去の実績よりも将来の予想や計画である。将来情報の開示も重要事実として位置づけられており、業績見通しが適時開示の対象となっている。

（3）自発的情報開示の実務要件

　法定開示と適時開示といった制度的開示が情報開示のルールであるのに対して、自発的な情報開示は任意開示、ボランタリー・ディスクロージャーとも呼ばれ、情報開示のマナーとも言うべきものである。制度的開示はルールに基づくものであるため、IR活動としての他社との差別化は図りにくいが、自発的

開示は自社独自で戦略・計画を構築し、活動の実践を展開できることから、IR活動の巧拙が現われやすい部分でもある。

IR活動の基本観を定め、目標を設定した上でトップを巻き込んでのIR戦略を構築し、具体的な活動計画にブレイクダウンし、継続的で日常的なIR活動として実践していく。業績の良い時も悪い時も、誠実公正なスタンスで情報開示をし続けることがIRスタッフには求められる。

あくまで自発的に実施する情報提供であり、投資家との円滑なコミュニケーションを進めるためにさまざまな施策を推進することになる。たとえば、アナリスト向けの決算説明会、会社見学会、個人投資家向けの説明会、各種ツールの開発などが、具体的な活動内容になる。

自発的に開示する情報として、多くの投資家から望まれるものは、中期経営計画や新規事業・R＆Dの中身や進捗にまつわる情報などである。発表することで競争上不利になる戦略的な情報や事業の取引上不利になる利益やコストなどの細分化した数値情報、さらにはインサイダー取引規制に抵触する情報を開示する必要はない。

年4回の決算発表直後に行うアナリストや機関投資家向けの決算説明会では、専門家からの質疑応答を通じて、資本市場に対して間接的に情報を仲介してもらうことにもなり、企業側としても有効な機会となる。また、法律で定められている株主総会を積極的に活用する企業も増えてきている。従来は、株主総会では最小限の情報開示にとどめる傾向が強かったが、せっかくの株主との直接対話の機会として再認識し、総会後のイベントを企画するなどして長期株主（とくに個人株主）を育成するという発想もでてきている。

また、個人投資家説明会を開催したり、事業内容を分かりやすく伝えるパンフレットやホームページの制作を通じて、個人投資家を育成しようと考える企業も増えてきている。

リスク情報の開示については、企業によってスタンスが最も異なりやすい部分である。リスク情報を開示するということは、投資家の期待に制約をもたらすものであり、それは株価の形成に対する制約にもなるため、企業側としては後向きになりかねない。但し、このような情報を前向きに開示することは、企業と投資家との信頼関係を構築する土台にもなり、投資家との長期的で良好な

関係を構築し、株価の安定に寄与する。これは、結果として企業側の資本コストを低減させることにつながる。投資家は、リスクに対するプレミアムをリターンとして求めるものであり、投資家にとってのリスクの軽減はその見返りとして企業に対する資本コストの低減で還ってくると考えても良い。

3. IR パーソンとしてのトップマネジメント

一般に投資家は投資判断する際に、当事者からのコミットメントの声を求めるものである。よって、企業の株式に投資をする際に必要なのは、会長や社長などのトップマネジメント自身からの直接話法による結果業績に対する説明と将来へのコミットメントである。

資本市場に対して、トップマネジメントは最も重要な IR パーソンとしての自覚を持って、自らの経営観や経営ビジョンを伝え、それに基づいた事業戦略や目標、さらには、そこに向けての具体的な計画や施策を自らの言葉で説明することが必要となる。また、資本市場の声を真摯に受け止め、それらを生かした経営を実践し結果としての業績で資本市場に恩返しをする。この中核に位置づけられる IR パーソン自身がトップマネジメントである。

4. IR スタッフの役割

IR スタッフには、誠実で公正、公平に IR 活動を進める役割が求められている。継続的な投資家やアナリスト、マスコミとの接点においては、必要十分な情報を保有しておくことが大前提で、そのためにはトップマネジメントとの距離を縮め、社内情報を的確に収集しておくことが重要である。その際、社内人脈を構築しておくことも無視できない。

もちろん、IR スタッフには、企業財務や会計・法律などの基礎知識も必要で、アナリストなどとの専門的なコミュニケーションをする上での専門知識を有していることは前提である。また、語学力（主に外人投資家とのコミュニケーションは英語になる）、プレゼンテーション能力といったプロとしてのスキル、社内外のステークホルダーとの関係構築力といった人間関係のスキルも不可欠である。

5. IR ツール

IR 活動を進める上で、さまざまな IR ツールが役に立つ。アニュアルレポート、制度的情報開示のための各種報告書、ファクトブックや株主通信などの紙媒体は、ネット時代においても依然として有効である。CSR レポートを発行している企業も急増しており、CSR 活動を評価軸にした SRI ファンドも登場してきている。

昨今のネット時代において、IT を活用することも見過ごすことができない。とくに、資本市場自体がグローバルになっていることから、情報開示の即時性を保つためにも電子情報開示は有効である。TDnet（Timely Disclosure Network）への情報開示は、ニュースリリースをもとにした記者クラブでの発表などの補完に活用でき、制度的情報開示の一部としても見なされる。

自社のホームページなど、Web サイトを活用した広く一般向けの情報開示は、一部の投資家にしか届けられない説明会での資料の開示にはもちろんのこと、説明会での動画・音声情報までも伝えることができ、公平性、即時性を担保するという点でも有効である。IT の進化とともに、今後も新たな情報開示の手法が生まれてくるものと考えられる。

(江良　俊郎)

【参考文献】（第 7 ～ 9 章）
猪狩誠也編 [2007]『広報・パブリックリレーションズ入門』宣伝会議
猪狩誠也・上野征洋・剣持隆・清水正道 [2008]『CC（コーポレート・コミュニケーション）戦略の理論と実践―環境・CSR・共生』同友館
井之上喬 [2006]『パブリックリレーションズ』日本評論社
神田秀樹 [2015]『会社法入門』岩波書店
佐藤淑子 [2008]『IR　戦略の実際』日本経済新聞出版社
篠崎良一 [2001]『実戦企業広報マニュアル』インデックス・コミュニケーションズ
スコット・M・カトリップ他著・日本広報学会監修 [2008]
　　『体系パブリック・リレーションズ』ピアソン・エデュケーション
電通パブリックリレーションズ編 [2006]『戦略広報』電通
日本 IR 協議会『IR ベーシックブック 2008』日本 IR 協議会
日本 IR 協議会『IR ベーシックブック 2009-10』日本 IR 協議会
日本 IR 協議会『IR 活動の実態調査　調査結果報告書　2009 月』日本 IR 協議会

第10章
企業価値向上に向けた 広報・マーケティング

1. 「企業価値」と「マーケティングにおける価値」

（1）「企業価値」と「マーケティングにおける価値」のこれまで

　「企業価値」という言葉は、Ｍ＆Ａが盛んになり企業の資産価値を財務状態だけでなく総合的に見極めたいという流れのなかで話題となり始めた。例えば、誰もが名前を知っている企業が売りに出た場合、売る方も買う方も当然、財務資産以上に、将来のビジネスにプラスの影響を与えるブランド価値を認めるからである。

　経済産業省が「ブランド価値評価モデル」を発表したのが2002年、この頃に「企業価値」の考え方はＢtoＣ、ＢtoＢを問わず、社会的に一般化したと言える。

　応じて、広告の世界でも「ブランド」「ブランディング」が主テーマになった。当時の広告業界は、『分衆の時代』、つまり「大衆＝マスの終焉」を宣言していた。そうして主業である「マス」メディア広告への疑いが生じたまま、自ら金縛りにあったような閉塞した状況をなかなか抜け出すことが出来なかった。そこに、言わば救世主のように、『ブランドの時代』が訪れた。そのことは「ブランディング」がともすれば「広告活動」と誤解されるもととなった。

　もう一つの流れとして、80年代から90年代にかけて盛んに行われたＣＩ活動の後継として扱われたことも「ブランディング」が「イメージ戦略」として受け止められる要因となった。しかし、「ブランディング」を上記の流れに位置づけ、「企業の価値創造活動」と置き換えれば、それは企業活動の根幹をなすものであることが分かる。

　「企業価値」の「価値」はもともとマーケティングから発生した概念だった。マーケティングにおける「価値」は、現在もマーケティングの起点にある重

要な言葉だ。マーケティングは「価値」と「交換」によって成り立つ。

P. コトラーはマーケティングを次のように、定義している。「マーケティングとは社会活動のプロセスである。その中で個人やグループは、価値ある製品やサービスを創り出し、提供し、他者と自由に交換することによって必要なものや欲するものを手に入れる」（『マーケティング・マネジメント　ミレニアム版』2001年）。

この定義の要点は、マーケティングを、販売のための活動、販促・広告活動と限定した範囲に置くのではなく、「価値」を創造するための全てのプロセスと見ることにある。そして、それをプロセスたらしめるのが、「交換行為」である。

価値創造のプロセスは、消費者の未来的欲求とアイデアの交換である「技術の着想」段階、消費者の受容性とベネフィットとの交換としての「商品の企画」段階（ベネフィットには商品コンセプト、デザインイメージ、想定価格が含まれる）、そして購買欲求と商品価値との交換からなる「商品の販売」段階、期待と満足の交換である「商品の使用」段階でとらえられる。

ちなみに「交換」そのものについては、P. コトラー自身が、1970年代初頭の「経済の本質は希少性にあるが、マーケティングの本質は交換にある」ことを着想した（ロバート・バーテルズ著、山中豊国訳『マーケティング学説の発展』ミネルヴァ書房、1993年）。

この「価値」と「交換」の考え方が、マーケティングの概念を大きく広げる可能性をもたらし、マーケティングは企業のみならず、公共団体や、非営利団体の活動も包含することになった。P. コトラーの定義に、「企業活動のプロセス」ではなく、「社会活動のプロセス」と表現されているのには、そんな理由がある。

（2）マーケティングの価値創造

社会活動のマーケティングではなく企業のマーケティングであっても、「価値」と「交換」を、「お金と商品の交換」とすると、大きく見誤る。

商品やサービスを手に入れるには、お金の他に、例えばそれを手に入れるためにお店に行くという物理的、時間的コスト、必要なものかどうか、どれがい

いかなどの心理的コストが必要である。しかし、お金や手に入れるためのコストは、交換を成立させる道具、価値の高さを換算するものであっても、交換されるそのものではない。交換されるのは、「ニーズや欲求」と「提供される商品価値」である。消費者の悩みや欲求と対峙し、その解決を提供する、そこにマーケティングにおける「価値」がある。

　そのことは、マーケティング史上最も有名な格言の一つ、「顧客はドリルを買いに来るのでない。穴の空いた板を欲しているのだ」が言い当てている。ホームセンターに訪れ、ドリルコーナーに立っている1人の消費者は、「ドリル」というモノではなく、自作のベンチの座面のための板、そこに穴を空いている状態を欲している。ここで交換されるのは「ドリル」と「対価」ではなく、「穴の空いた板」という欲求と、それを満たす手段としての「板に穴を空けられる道具」としての価値である。

　こうして「穴の空いた板への欲求」と「板に穴を空けられる道具」が交換される。

　といってもこの両者には、わずかな違いがある。提供される価値側の「道具」がそれで、板に穴を空けるという欲求を満たした後に「道具」、もう用済みのドリル、が消費者側に残ることになる。完全なる交換ではなかったということだ。

　この欲求と価値の非対称、未充足は、価値創造プロセスを見なおした企業により、「買った板に、売り場で穴を空けてあげるサービス」を生み出す。さらには「特別な道具無しで、自宅で簡単に組み立てられるベンチ」という新たな商品を創出させることになる。

（3）ブランド価値

　マーケティングの「価値」を求めていくと、自ずとブランドの価値を無視できなくなる。提供される商品やサービスには、ブランドの主体、誰がどのように提供するかが含まれているからである。ブランドの価値は、2つの同じ製品があったとして、あるブランドの付いている商品と付いてない商品との価格差で知ることが出来る。

　同一価格が常識である商品の場合はそれらを入手するための労役（入手コ

スト）差で示される。飲料の自販機商品を例にとると、消費者の目の前に A ブランドがあり、B ブランドの商品が少し離れた自販機においてある場合、消費者が B 商品を買うために移動するかどうか、どれくらい離れている場合なら B を求めて移動するか？ その距離や時間差がブランド力の差だ。あるお店に行ったら目当ての商品がなかった、今、並んでいる商品にするか、それとも、もう一軒探すかの違いである。

　日本メーカーのブランドと欧州メーカーブランドの差を消費者調査で比較したことがある。調査で用いる製品は日本メーカーの開発最終段階で未発売のモデル、もちろん一般には知られていない。この同一のモデルを 3 つ、1 つはブランド銘板の付いてないモデル、2 つ目はその日本メーカーのブランド銘板をつけたモデル、3 つ目は欧州メーカーのブランド銘板を擬似的に付けたモデルが用意された。製品の機能は見ただけでは分からないので、同じ性能を示すスペック表をモデルに添えて説明している。

　一般の消費者である調査対象者にその値付けを自由にしてもらった。結果は、ブランドの付いていないモデルが 5 千円、日本メーカーのブランドが付いたモデルは 8 千円、欧州メーカーのブランドが付いたモデルは 1 万 2 千円だった。

　消費者の付けた想定価格の差に応じるように、製品の特長を現すスペック表示の信用度や性能への信頼性も無ブランド、日本メーカーブランド、欧州メーカーブランドの順に高くなった。

　私たちが驚いたのは、ブランド銘板を貼り替えただけのものなのに、見た目の質感はもちろん、スイッチを入れて試用したときのモデルの使用感、駆動音、重さまでも印象が違ってきたことだ。例えば、無ブランドの駆動音は耳に付く音、欧州ブランドのそれは性能の高さを感じる音とされた。無ブランドでは重すぎると不満点で言われたものが、欧州ブランド銘板のついた商品ではずっしりとしていると好評価だった。実際の技術品質とは違う、消費者の評価する品質、いわゆる「知覚品質」の差がブランドの差だということがはっきりと現れた。

　ではこのブランドの差がどこから来たかと消費者に聞いてみると、それまで

その企業が販売してきた製品への評価、実際に商品を使用してきた経験、売り方、アフターフォローの記憶、広告のイメージなどだった。さらには、企業の歴史、社会貢献など諸活動の集積的な評価も影響を与えていた。まさに企業活動の総体、ブランディングが、価値の差となって表れた。

（4）ブランド価値からブランディングへ

　広報業務は、これまでマーケティング領域では、ブランドもしくは商品の知名度やイメージの向上、広告活動のサポート、企業全体の評価の向上に寄与してきた。それは、言わば知覚品質の向上に、いかに寄与するかという視点であった。

　そして、マーケティング以外の領域では、ステークホルダーに対する情報提供、企業の社会的存在意義の伝達など時代の要請に応じて企業価値向上の役割を広げてきた。

　マーケティング領域から見れば、「ニーズや欲求」との交換に資する「提供価値」、その向上に寄与する「ブランド資産」への注目と戦略化は、90年代から徐々に中心課題となっていた（ブランド戦略の先駆、D.A.アーカーの『ブランド・エクイティ戦略』の日本版上梓が1994年）。

　そして、冒頭に触れたように、マーケティングにおけるブランド力評価の流れと金融価値としてのブランドへの注目が合わさって「ブランディング」は大きな流れとなった。

　これまでの振り返りの最後に、ブランディング投資の意味を疑う意見も存在したことに触れておきたい。

　それは端的に言えば、「ブランドのためだけの投資は無駄」、さらに言えば、「売れ続けることが最大のブランディング投資」という考え方である。ブランディング・ブームのなかで主流とはならなかったが、いわゆるブランドイメージへの投資、例えば有名な誰々が広告しているなど強い印象のブランド広告よりも、売れ続ける商品は何も増して強いブランド力を築いていく。それは、販売チャネル側の評価、消費者側にも優良な定評、知覚品質である。また、知覚品質における企業価値の大きな作用は、「品質や機能への信頼」という、言わ

ば基礎部分なので、ここに投資しても効果はすぐにはあらわれにくいことも指摘されている。

　社会貢献などにも気を配り、これまで高いブランド価値を誇っていた企業が業績不振でブランド価値も急激に下降した例を見ると、「何より、売れ続けること」という、ブランディング投資不要論も無視することはできなくなってしまう。

　このような異議も含みながら、企業の価値創造活動は、マーケティング活動そのものを包含するブランディング活動として行われてきた。

　そうした、これまでの企業価値とマーケティングにおける価値の関係に、今、変化が訪れている。それは組織と仕事のあり方も含めた企業活動全体に影響を与える大きな変化であり、広報部門も例外ではない。変化をもたらした直接的要因は、「ハイパー・コンペティション」と呼ばれる環境変化だ。

2. 広報活動に変化をもたらすもの

（1）ハイパー・コンペティションの時代

　ハイパー・コンペティションは、世界の企業の生産能力の総計が需要をはるかに上回った状態を指す。企業のグローバル市場進出、自社工場を持たないファブレス型企業、など供給者の増大。あわせて、原料や燃料の採取技術、3D技術による金型製作の負担軽減、不眠不休で製品を製造するロボット、ロジスティクスの発達、販路側では店舗面積の増大、インターネット販売の拡大など、サプライチェーンの川上から川下までの変化。これらが、世界市場での超競争状態を創り出している。

　供給能力の増大に対して、消費側では、例えば人が1日で食べる量は変わらないように、飛躍的な消費力向上は見込めない。大画面液晶テレビの家電量販店のフロアを占め尽くした急速な売り場拡大と、数年での退縮も記憶に新しい。

　これまで長い間、企業活動の主眼は、競争戦略、端的に言えば、「シェア競争」にあった。同じ市場の中で、他社と優位を競う、そこで重要なのは、技術力と生産力、そして販売力である。他社を凌ぐ機能を持った商品をいち早く投

入する。市場に投入される商品ラインナップで他社に負けない品揃え数のシェア。流通に対するインセンティブも含め、販売網や間口（取扱い店舗数）を優位に築く、そのことで得られる「店頭シェア」。他社よりも積極的なプル戦略、広告や販促活動投資による「コミュニケーション投入シェア」。消費者のブランド認知、商品認知を争う「マインドシェア」。例えば、販売シェア目標を40％とすると、年間の新商品投入数、店頭での商品展示量、広告投資、マインドシェアの基本的な基準はそれぞれ業界内で40％のシェアが一応の目安となる。

　シェア競争下における広報活動は、広告、販促活動の補完的な役割を担った。広告以外のマスメディア活用を主な役割として、商品の話題を増幅し、消費者のマインドシェアを高めることを目標としていた。話題性の喚起と増幅、そのためのマス広告以外の仕掛け、記者発表、パブリシティ、これらはもちろん今でも大きな役割を担っている。PRは、言わば、より多くの消費者の「欲求」と「価値」交換のチャンスをつくること、そのパイプを太くするための機能だった。

　シェア競争発想は、参入企業がある程度限られているか、もしくは市場が右肩上がりであるという約束のなかで行われるもので、シェア上位であれ下位であれ、それぞれの企業は競争地位に応じた利益を確保できる。

　ハイパー・コンペティションが訪れると、一時的に参入企業が増加して、分散された低いシェア帯に企業がひしめくようになり、直ちに価格競争の様相を呈す。そうしていずれは企業間の買収や吸収・合併が行われ、寡占状態となる。当然ながら寡占状況下では、企業間競争のための評価尺度、「マインドシェア」、「コミュニケーション投入シェア」の意味は薄くなり、広報のマーケティングにおける従来的な役割は減じられてくる。

（2）新たな市場を求めて

　ハイパー・コンペティションを避けて、日本企業のみならず世界中の企業が新たな市場を求めている。新たな市場の代表は、まず、地理的な市場余地。BRICs、ベトナム、カンボジア、インドネシアなどのASEAN諸国、南米、ア

フリカに至る新興国の市場。

そして、これまで注力してこなかった消費ピラミッドの底辺の市場（Bottom Of Pyramid）、例えば、アジアの貧困層の市場開拓を狙って、日本の食品メーカーは小容量タイプやバラ売りで低単価の商品を投入している。

グローバルな市場だけでなく、日本でも2000年前後から、介護保険制度の導入もあいまって、介護用品や介護サービス、介護施設など介護関連市場が急速に拡大した。

これらの代表的な新市場は、いずれも誰もが知っている市場、つまり顕在化市場である。明示された市場は、遅かれ早かれハイパー・コンペティションに巻き込まれるし、すでにそうなっている可能性も高い。

それとは別に、企業が独自に探していく市場がある。それが「新しいニーズや欲求」と「新しい価値」の市場だ。

日本市場は、成熟化市場と言われて久しい。「企業活動は顧客を創造することだ」というP・ドラッガーの言葉は企業人のほとんどが知っている。顧客創造、即ち市場創造を狙って新商品、新サービス、新しい売り方に挑む企業ももちろん多い。広報業務は、その狙いを理解し、ターゲットを刺激しコンセプトや特長の話題作りに努めてきた。

しかし、広報のみならず企業の各機能はいまだ、シェア競争時代のままにある。押し寄せるハイパー・コンペティションの波、加えて人口減少と高齢化がシェア配分の原資を乏しくさせている日本市場。消費に対する意識の変化は、内閣府の国民生活に関する意識調査、「心の豊かさと物の豊かさに関する質問」が端的に物語っている。「物質的にある程度豊かになったので、これからは心の豊かさやゆとりのある生活をすることに重点をおきたい」が、2002年（平成14年）に初めて60％を超えた。2016年は63％、同年の「まだまだ物質的な面で生活を豊かにすることに重きをおきたい」は31％である。

この「心の豊かさ、物の豊かさ調査」をアジアや南米、アフリカ諸国で実施したら、どのような結果が出るだろう。日本の1975年以前の、「物の豊かさ」が「心の豊かさ」を上回った状態の国、地域があるかもしれない。　もちろん、新興国で、「物の豊かさ」が「心の豊かさ」を上回っていたとしても、日

本の1975年以前の消費者ではない。スマホを使い、ファストファッションやラップを楽しみ、環境意識やフェアネスという概念を知っている消費者だということには留意しなければならない。そして世界の片隅にも及ぶハイパー・コンペティション。商品の普及スピードも日本を上回るケースは多い。近年では携帯からスマホへの切り替え、普及が典型的に示している。以前、中国にVHS（ビデオテープ）の工場を作ったが、DVD普及の流れが日本市場より速く、2年で工場閉鎖を余儀なくされた日本企業の例がある。

（3）日本市場は潜在ニーズの宝庫

　では、日本には魅力がないのかというとそうではない。世界市場の観察ももちろん大事だが、日本の市場はこれから世界の市場が向かう先をさまざまな角度で示している。

　一つは、中流階級の人口の多さ。三菱総合研究所の生活者市場予測システムのアンケート調査（2016年、全国、3万人）を見ると、「あなたのご家庭の生活程度は、世間一般から見てどうですか。」という質問に「上」と答えた人が0.7％、「中の上」12.1％、「中の中」34.9％、「中の下」31.4％、そして「下」14.8％（『わからない』が6.1％）、いずれかの「中」と答えた人は78.4％となる。日本の分厚い中流意識が創る消費文化は、今後急増すると言われている世界の中間層の先行的な存在と言える。もちろん、この中流意識隔差の拡がりによって分化を見せ始めている。

　中流の崩壊とそこに新たに生まれる市場もまた、世界市場の変化とあわせてとらえたい。

　またよく指摘されているように、世界一の高齢化率は、高齢者の生き方社会のあり方、介護などの先行的モデルであり、アジア、ヨーロッパの高齢化国が追いかけてくる。

　実は、最も潜在ニーズ発掘の可能性を日本市場が秘めているのは「消費における感性的価値」ではないかと考えている。言語そのものが感性的であること、比較的均質な生活スタイル、衰退をはらみながら続く長い成熟期、これまでの企業の細やかな商品改良の積み重ねなどがその要因と思われるが、例えばシャンプーの開発にも日本の消費者の感性は影響を与えている。シャンプーの

評価尺度には、「泡立ちがいい」、「香りがいい」……がある。シャンプーの直接的なベネフィットは「髪をきれいに洗う」「髪を美しく」なので、世界の各企業ともに似た評価尺度になる。そのなかで「洗った後の指通りの良さ」は、日本で生まれ、外国企業のシャンプーにも採用された評価尺度である。

　シャンプーの「洗った後の指通りの良さ」は、「ものの豊かさ」「心の豊かさ」のうち、どちらの価値に触れる特長だろうか？シャンプーの物性的特長を誰もが確認できる「泡立ちの良さ」が「もの」寄りの価値とするならば、人の感性、それは消費体験の積み重ねからももたらされる、「洗った後の指通りの良さ」は「こころの豊かさ」よりの価値と言える。

　日本で、「もの」を提供する製造業も、30％の「まだまだ物質的な面で生活を豊かにすることに重点をおきたい」という人のみを相手にするのでなく、提供物を「心の豊かさに貢献するもの」へシフトしていかなければならないのは自明である。そのことは、それは、「もの」ではなく「価値」を交換するマーケティングの考え方に合致する。

(4)「価値創造体」としての企業、その時、広報に求められる機能

　企業は「競争者」から、「新しい市場」に対する「価値創造体」としての役割変革、その方法を構築する必要に迫られている。長らく低迷が続く日本経済を成長に向かわせるのは、詰まるところ、人口増大か、企業の市場創造の2つしかないと言われている。人口増大は、出生率の上昇もしくは移民の受け入れしか手はなく、大きくは国の政策による。企業がその存続をかけて挑むべきは、新しい価値を提供し、市場を創造することだ。

　市場創造のためには、市場の潜在ニーズを嗅ぎ取る、そのニーズを顕在化させる、戦略を構築し実行に移すこと、そのためのノウハウと体制作りが求められる。それは、企業全体、すべての部署が「価値創造」を目指して機能すべき、ということを示唆している。

　潜在ニーズの探索対象は、顧客にももちろん求めることができるが、現在のニーズ以外を求めるには、非顧客、即ち生活者全般をも対象にしなければならない。事業部や広告、販促部は主として顧客および顧客予備軍を対象に情報収集や発信を行っている。対して広報部門は顧客に限らない幅広い生活者との接

点を持っている。従来の枠組みにないニーズ探索の担い手に広報部門の機能が求められる可能性は高い。

（5）CSVへの試み

　ハイパー・コンペティションの時代には、企業が、バリューチェーンをどんな価値創造に向けて組んでいくか、そのためには、企業がどのような事業を行おうとしているのかが問われる。

　符合するかのように、「社会価値創造経営 CSV（Creating Shared Value）」、の考え方が、これまでの「CSR（Corporate Social Responsibility）」に変わり、企業の支持を集め始めている。CSVは、マイケル.E.ポーターが2006年に提唱した。企業はこれまで、資源を消費し、時には環境を汚染する側として、社会的貢献とのトレードオフの関係で見られる部分があった。CSRが企業の事業以外の活動による社会貢献を問うのに対し、CSVでは、企業が事業を通して、どのような社会問題を解決するのかという視点が求められる。

　同じ意味で、CSVは、提供価値の対象に、消費者だけでなく社会全体をも包含する。例えば、環境、資源エネルギー、貧困、地域間格差、安全。企業はその提供する価値に応じて、さまざまな社会の問題の解決に挑む。

　CSVでは、CSRよりもっと事業寄りのスタンスで、企業が存続し成長するための強みの創出が行われなくてはならない。企業の行っているCSRが事業と何かしら関係があったとしても、事業の中核を担っていなければCSVとは言えない。そこには、企業活動は社会を変えていく革命者だというダイナミックな発想転換がある。

　当然、CSVは、企業の競争戦略と重なり合い、E.ポーターの考える基本戦略の一つ、「差別化」とも通じる。バリューチェーンを消費者と社会に照らして企業戦略を見なおし、その企業独自のCSVを打ち立てることが求められている。消費者の直接的な欲求は、「きれいな洋服を買う」「美味しいものを食べる」「快適、便利に過ごす」であっても、その先には必ず、上位欲求、例えば「地域のために」「地球環境を守る」などの社会的な欲求がある。その社会的欲求こそが、企業が社会と分かちあう価値である。その社会的価値は地域貢献へと繋がっていく。CSVを突きつめて、自社独自の社会価値を戦略的に発

見出来れば、それが事業のコンセプトになるだろう。ここでは社会が潜在ニーズ発見の対象になる。その接点を持つのも広報部門である。

■ 3. 広報活動のこれからの役割

（1） 新市場対応への現状

　価値創造体としての企業のダイナミズムは、新しい提供価値の着想から始まる、それは新商品や新サービス開発、それに伴って起こる新ビジネスモデル開発への着手、初期活動のことであり、規模の大きな場合は新事業開発と呼ばれる。

　イゴール・アンゾフは、有名な「成長マトリクス」で、「製品」と「市場」を２軸に置き、「既存製品による既存市場の深耕」「既存製品による新市場への拡張」「新製品による既存市場の再攻略」「新製品による新市場の開拓」の４つの象限を置き、事業戦略の方向を示した。

　既存市場への供給量が満杯になって、自社のシェアは低いレベルにある、深耕も再攻略も、結局は市場の内側に留まっている、既存製品の拡張であれ、新製品の投入であれ、何とかして「新市場」を開拓せねばならない、というのがハイパー・コンペティション下の現状である。

　企業は、事業の両輪、「製品と市場」のうち、「製品」に関しては、企画、設計、デザインの専門部門を置き、開発部門や先端技術の研究部門を用意している。改良した既存製品や新製品を求められる市場に投入する体制は十分に準備されている。

　また「市場」についても、「既存市場」、即ち、「現在の顧客が形成する市場」についての情報収集には熱心な企業が多い。特に、この20年ほどは、既存市場における顧客獲得競争が激しくなり、同じ市場の中で顧客をいかに「囲い込むか」に重きが置かれた。各業界で繰り広げられている会員化やポイント競争もそのための手段であり、顧客満足の獲得を目標に掲げることもそうだ。それらは、主に既存顧客に向けた施策である。

　現在の顧客については、商品・サービスに付属している愛用者アンケートや各種のヒアリング調査で商品の満足や不満を把握できる。コールセンターに寄

せられるユーザー情報をVOC（ボイス・オブ・カスタマー）とも呼んで「顧客の声の収集と分析」を熱心に行っている企業も多い。VOCでは、商品の購買や使用についての質問、不満点、要望を解析し当該事業部にフィードバックしている。

　また、ネット上にユーザー・コミュニティを形成し、数万から数百万人の会員ユーザーを擁している企業もある。価格コムや＠コスメなどのレビューサイトも現顧客の声の収集先である。

　しかしながら、顧客の評価や不満を聞いて、改良商品を出しても、販売高は伸び悩む、顧客満足度調査も評価数値が上限に近付いており、その数値のわずかな上昇を得るのに汲々としている。それらはたまたまではなく、先に述べたハイパー・コンペティションの時代の到来、新しい顧客とその欲求による「新市場」を探し求めるべき時代が来ていることを示唆している。

　NTTドコモは、他社の携帯電話移行時に旧契約の電話番号を保持できるナンバーポータビリティ制度導入の危機感から、顧客満足度の向上を目指し、2008年からCIの変更、店舗の改革、エリア通話品質の向上、サービスの充実など革新的な活動を始め、外部機関評価による顧客満足度1位の評価を数年連続で達成した。その効果は大きく、シェア獲得にも寄与していた。しかし、アップル社のi-Phoneの登場で、市場の競争要件が様変わりしてしまった。

　新市場の開発のために市場側の情報探索専門部署を設けているところは少ない。当然、市場開発にもそのための方法（技術）が必要であるが、それを蓄積している企業も少なければ、独自の方法を開発している企業は少ない。

　その理由は、市場は製品が切り開くものと信じてきたからだ。良い製品、優れた製品を企画、開発する体制さえあれば市場は生み出されるはずだとの考え方による。

（2）新市場＝未来の顧客を発見する

　「自動車のなかった時代に自動車を欲しいと思った人はいない」「新市場は結果として起こるもので、独創的な新技術が何より優先する」、このような製品優先、技術優先主義は長らく日本企業を支配してきた。

第10章　企業価値向上に向けた広報・マーケティング

　確かにダイムラーやベンツがはじめて作ったガソリン4輪自動車は独創的で、それ以降、世界に自動車産業と自動車市場を切り開いた。

　しかし最初に自動車の魅力を世の中に示したのはベンツ本人でも技術者でもなくベンツ夫人だと言われる。彼女は開発されたガソリンエンジンの自動車に乗り、半日で100キロ走った。その走行距離は、当時10頭以上の馬を乗り換えなければならない距離と伝えられている。

　この時、ガソリン4輪自動車が登場する前に蒸気自動車はあったし、ベンツ夫人のパフォーマンスで比較対象となった4輪の馬車（ワゴン）は、人々の足として普及していた。今でもエンジンの性能を馬力で現しているのは当時の名残だ。

　自動車が発明されようとしたとき、自動車ユーザーはいなかったが、馬車を利用している人の不便は想像できたはずだ。男性だけでなく女性の乗客の増えている様子、目的も公用だけでなく私的利用の増加が観察され、人がますます自由に移動するようになるということは予測可能だったかもしれない。

　仮に、燃料に関わるような自動車の基本技術研究に10年とすれば、「10年後の顧客」はどうあるだろうかということを知らずに研究着手の意志決定はできないし、車種開発期間が構想段階から3〜5年ならば、「3〜5年後の顧客」の見通しがなくて、車種開発にゴーサインをかけることは出来ない。独創的な技術者、経営者と言われた人に共通しているのは、経験的、感覚的であれ、「未来の顧客」のイメージを持っており、「技術の可能性」とマッチングさせること、そのマッチングに出会った彼らの姿を思い浮かべることができる点にある。

　決して圧倒的な革新技術が用いられたわけではないアップル社のi-Phoneが卓越していたのは、製品開発力、未来市場を見通す力、まだ見ぬ顧客イメージとそこに提供される製品イメージ、顧客の喜んでいる姿の想像力だ。アップル社は、コンピュータを仕事でなく誰もが使えるパーソナルな機械として、さらには文字を知らない子供でも扱える道具として、彼らの描いた夢に一歩一歩近づいてきた。

　つまり、製品と市場との関係は鶏と卵のように不可分の関係を持っており、それはどんな革新的な技術を持った製品の場合も例外ではない。今は、単一の技術で画期的な市場を切り開くことは難しい時代になっていて、自社の既存技

171

術との組み合わせや、他社、他研究機関とのオープン・イノベーションによる
開発が主流になってきている。その際に求められるのは、新しい技術がもたら
す製品の姿の編集能力であり、狙うべき市場の方向立て、開発する市場のリア
ルな想像力がますます重要になっている。

（3）新市場探索と広報

　現在の広報活動の中で、すでに新市場開発に貢献しているのは技術広報であ
る。技術広報の狙いは、企業イメージの向上、投資家の評価への貢献、技術人
材の確保など時に応じてさまざまであるが、直接的な目的は、自社の保有技術
を、広く社会に知らせてその技術の採用企業を探すことだ。採用企業のアンテ
ナに届くように、技術をできるだけ分かりやすく説明し、技術が実現するまだ
見ぬ市場を提示する。そこでは、その技術が生み出す可能性のある製品と使用
シーン、あたかも未来の生活者が喜んでいる様子、技術がもたらす新しい生活
や社会を想像で描き出している。

　新市場探索に貢献する広報と言えば、荒唐無稽な話のように聞こえるかもし
れないが、社内の技術情報を収集して、未来の顧客をイメージし、技術を市場
価値に換えて広く社会に投げかける。この技術広報の仕事にその原型は既に現
れている。

　そこに欠けているのは、技術を享受する生活者がただの想像であることで、
狙うべき「新市場」、「未来の顧客像とその欲求」が根拠を持って描かれたわ
けではないと言うことである。それは、未来技術のPRで、メタリックなスー
ツに身を包んだ未来人が描かれてその先進性を伝える……というありがちな表
現に象徴されている。

　新市場を切り拓く「価値創造体」となるために、これからの企業組織は編
成を見なおされていくだろうが、今のところ、「技術情報」と、「現在の顧客
ではない顧客、一般消費者、生活者、社会」との接点を有している組織は、広
報組織である。

　今、広報は、マスメディア対応のための広報から、本来的なパブリック・リ
レーションのための活動組織に近づこうとしていると言える。そのことは、も

ちろん、SNS（ソーシャルネットワーク・システム）の発達で、社会の情報を収集し、再び社会に発信する媒体が、マスメディアだけではなくなってきていることが大きく影響している。

BtoBウェイトの大きな企業の広報も例外ではない。BtoB企業ももちろん社会から切り離されているわけではなく、どんな事業もBtoBの先にあるC、エンドユーザーがいる。BtoB企業が取引先と共有するのは、エンドユーザーに対して、共に獲得する商品やサービスの価値であり、それを目指して、取引先に見合う素材や部品、生産財、そして情報を開発、供給している。

例えば、部品メーカーが新しい部材を開発した時、これまでと同じ品質で製造価格が安ければ、メーカーも喜ぶだろうが、結果的に価格が安くなり、そのメリットを支持するのは消費者だ。その部材が耐久性の特長を持つならば、単独であれ、他の部材やシステムとの組み合わせであれ、長持ちする、壊れないというベネフィットをエンドユーザーに提供する。市場を見ることの出来る優秀なBtoB企業の技術者や営業マンであれば、「競合の部材に比べて○○に優れている」という売り込みではなく、「エンドユーザーに提供する価値」について語り、納入先と共有するだろう。そうでなくては、価値創造時代の変化要請に応えることはできない。「系列」など、取引先との関係が深い傾向のある日本企業にとって、閉じられた「BtoB発想」そのものが、日本企業が脱すべき旧弊だと言える。社内に外の情報を送り込み、企業全体の市場感度を上げるのも広報の役割だ。

企業と社会との関係をつなぐ広報業務とは別に、社内の関係をつなぐのは「社内報」の編集と発行で、この業務から広報部をスタートさせた企業は多い。社内各所の情報を集め、経営の考え方を取材し、記事化、配布する。広報は社内情報を集約し、その情報を再生産する機能を本来的に持っている。

イントラネットの発達は、社内情報の集約力を飛躍的に向上させた。社内に散在する情報も容易に集められるようになったし、必要な情報を適当なタイミングに、必要な部所に情報を伝達することも容易になった。

外部から新市場のヒントを集め、社内、とりわけ技術担当者や開発担当者に伝え、創発への刺激を与える。逆に、社内の技術情報を集約する。そして技術

と市場のマッチングを発見し、新市場を求めて再編集する。これらは企業が「価値創造体」として変貌していくための鍵となる重要な機能になっていくだろう。

4. 新市場探索の方法

（1）新市場発見の方法

これまでは、広報部門の新しい役割を検討してきた。次に、これからの広報担当者に求められる、新市場探索のための知識と方法（ナレッジ・マネジメント）について話を進めたい。内容は当然ながら、技術部、企画部、開発部、マーケティング部、市場調査部、広告部、販促部など他部門にも関係があるが、ナレッジ・マネジメントの中心を担うのにふさわしいのは広報部門であることは、先述のとおりである。

新市場の発見方法には、およそ次の5つが考えられる。
1. リーダーの直観
2. 問題解決
3. 革新技術の発見
4. キー・インサイトの発見
5. 未来予兆分析

最初に上げた、リーダーの直観は、優れた天才が時代を見通し、アイデアを生み出す。もちろん個人の才能に負っているが、彼の直観を解いてみると、比重はさまざまにしても、2. から5. までの方法から成り立っている。

あるアメリカの企業が、アップル社のベンチマークを行って、「我が社には、スティーブ・ジョブズはいない」と宣言した。将来的にスティーブ・ジョブズのような人間を育てようと企てる国や企業もあるが、一人の天才の登場を待望するのではなく、組織の機能を使い、ふつうの人間の出し合う知恵で、新市場を発見しようとする方が現実的だ。そのためには、新市場発見のナレッジをそれらの人々で共有する必要がある。

「2. 問題解決」は、製品であれば耐用回数が少なすぎる、重い、大きい、

価格が高いなどの不満点を解決していく改良や改善の方法だが、大きな問題発見と飛躍的な解決が見つかれば、従来の顧客を超えて、新市場に繋がることもある。大きな問題発見とは、簡単には解決策の見つからない未解決の問題を発見することであり、多くの場合、それは問題とは気づかれずに、潜在化しているニーズ、つまり「4. キー・インサイトの発見」に負うところが大きい。

「3. 革新技術の発見」は、なかなか容易ではない。また、新技術を発見したとしても、それを成功に導くにはその市場を見つけなければならず、結局は、「4. キー・インサイトの発見」や、「5. 未来予兆分析」が必要になる。

つまるところ、新市場を発見するナレッジの主眼は、「4. キー・インサイトの発見」か「5. 未来予兆分析」にある。

（3） キー・インサイトを消費者調査で発見することの難しさ

「4. キー・インサイトの発見」のインサイトは、コンシューマ・インサイトの略である。ふつう、「インサイト」は「洞察」と訳される。「インサイト」と同じく、「洞察」も事物の本質を見抜く、直観するという動詞的な言葉だ。インサイトは、消費者の「本音」と解説されることもあるが、「洞察」と「本音」の意味の違いは誰しもが分かるだろう。「洞察」は観察者が行うことで、「本音」は対象者から生まれるもの、主体が違うのである。

「潜在ニーズ」は、「消費者自身もはっきりととらえていなかった欲求」のことで、主体は対象者にありながら、観察者の洞察がなければ発見できない。「潜在ニーズ」は日本で生まれた言葉で、その後にコンシューマ・インサイトの概念がイギリスで生まれ、盛んに使われるようになった。「潜在ニーズ」と「インサイト」の意はほぼ近似ではあるが、「インサイト」はより観察者寄りであり、「潜在ニーズ」は発見されて「インサイト」となる、という構造的な関係で、本稿では双方を使用している。

また、インサイトの中でも新事業、新商品、新サービス、広告コミュニケーションを起動する根幹のインサイトを便宜上、キー・インサイトと呼んでいる。

例えば、車が発明されたときのキー・インサイトは、「自分たちだけで、好きなところに、馬の休憩や乗り継ぎもいれずに、自由に移動できる馬車（ワゴン）があれば嬉しい」ということになる。もしくは「女性でも、一人で、

安全に、長距離移動できる乗り物」になる。このカギカッコ内の記述でも分かるように、キー・インサイトは、結果から眺めれば容易だが、これから発見しようとすれば相当な難題である。

　インサイト発見のための方法として、デプスインタビュー調査、観察調査（エスノグラフィ）、フォーカス・グループ調査、日記調査、ネット・コミュニティ調査（MROC＝マーケット・リサーチ・オンライン・コミュニティ）などの消費者調査が用いられることが多い。

　例えば、車のない時代の「馬車」ユーザーに、調査を行ったとしてみよう。「馬車」ユーザーを乗る時から降りる時まで観察する、あるいは「馬車」の使用目的について聞いてみる。そうすると目的地の街での用事、仕事のために、遊びで、人に会うために、終点から馬車を乗り継いで、別の目的地に行く人、馬車から馬に乗り換える人がいるのを発見するだろう。そして、馬車の不満は、揺れがひどいこと、車内が狭いこと、乗せられる荷物が少ないこと、着ている服がほこりまみれになることなど。乗り合い馬車の場合には、他の乗客のマナー、途中でトイレを我慢しなければならないこと、御者がチップを要求することなど、さまざまな不満を収集することができるだろう。

　さて、これらの調査で得られた情報をどうつなぎ合わせれば、「自分たちだけで、好きなところに、馬の休憩や乗り継ぎもいれずに、自由に移動できる馬車（ワゴン）があれば嬉しい」というキー・インサイトにたどり着けるだろうか？　そこには、誰の、どんな行動、それについての不満、欲求という果てしない組み合わせが待っている。探索型の消費者調査の結果はたいてい、このような断片情報の集まりに留まっており、キー・インサイトに迫ることが出来ていない。

　その根本的な理由は、キー・インサイトを探す作業、インサイト・ワークはコンセプト・ワークと対になるからだ。

　「自分たちだけで、好きなところに、馬の休憩や乗り継ぎもいれずに、自由に移動できる馬車（ワゴン）があれば嬉しい」というキー・インサイトは、この時点では、まだ「馬車でなく自動車」という解を示していない。それがどのようなものか？を孕みながら、商品開発や事業開発を刺激する。その原型

が、徐々にアイデアやプランと結びつき、最終的な商品コンセプト「自分たちだけで、遠いところまで、自由に移動できる、ガソリン車」となる。

要はコンセプトを生み出すものが、「キー・インサイト」なのだが、コンセプトは探索型の調査単体では構築できない。そこには開発側の知恵やアイデア、問題解決が欠かせないからだ。ここに「キー・インサイト」発見のジレンマがある。

（4）インサイトを求めるための消費者調査側の工夫

とは言え、探索型調査の方でも、できるだけインサイトに近づこうとさまざまな工夫を行っている。

例えば、観察調査は技術者や開発者が自ら、消費者の実用シーンを観察し、実感で理解する。インサイトする人が調査そのものに組み込まれている。（ただし、観察調査のほとんどは、現ユーザーが対象となっていて、未知のユーザーへの直接的観察は彼らを特定することから容易ではない。）

デプスインタビュー調査は、もともと対象者の行動についてその理由をくり返し尋ね、理由の根幹、潜在意識に到達しようという調査手法であり、ラダリング、はしごの構造を持っている。ラダリングは、「商品の特長がもたらす作用（直接的ベネフィット）」→それが消費者に与える消費者側の便益（消費者ベネフィット）→結果としてそれが消費者の生活をどう変えるか（エンド・ベネフィット）」と文字通りはしごをかけるように商品特性と消費者欲求を結び付けていく。より高次の欲求とそのエンド・ベネフィットを探る工夫として、商品の購入理由と、「そもそも何をしたかったのか」「理想は何か」をヒアリングする。また、その人の生まれてから今までのライフヒストリーを尋ね、理想をもたらした深層の記憶や背景を探る。

日記調査では、対象者に一定期間、毎日の行動を記してもらい、製品の実際に使われている様子、その折々に感じる不満や欲求を採取する。インサイト収集型の日記調査では、「行動」と「その時の気持ち」に加えて「本当はどうしたかった」という3フレームの質問で、ラダリングの上位欲求に迫ることができる。写真や写真なども併せて収集し、商品の使用シーンだけでなく、生活の全体像理解に近づく。

インターネットを活用した、オンライン・コミュニティ調査（MROC）は、数十人から数百人のコミュニティ参加者を集め、一定期間、意見や参加者同士の会話、写真、ミニ定量調査などのメニューを用意し展開的に調査を行う。コミュニティ参加者が、ひと月から数ヶ月の間、さまざまな課題に応じて、もしくは自由に、ほぼ毎日投稿してくるのだから、相当量のテキスト量になる。そこからインサイトをどう抽出し、キー・インサイトを発見するか。他の探索型の調査同様の壁がそこにある。

（5）キー・インサイト発見に最も近い2つの消費者情報

どのような調査でも、キー・インサイトを発見するためにはインサイト・ワークが伴わなければならない。ただし、インサイト・ワークにより適した材料、消費者情報というのはあり、それは、自発的でバイアスの少ない定性情報とである。

調査では、調査側が何かしらの質問を投げかける、対象者はそれに答えようとする。その際にすでに「意図された質問」というバイアスがかかっている。厳密にいえば、調査対象者は「質問に答える」役割を果たすことで、自発性を失っている。

SNSのブログやレビュー（評価）サイトは、自発的ではあるが、それぞれ表現者としてのバイアス、評価者としてのバイアスがすでにかかっている。両者は一時期、ヘビーユーザー、ロイヤルユーザーの情報として注目されたが、インサイト・ワークの材料としては、結果的に乏しかった。

インサイト・ワークに適した材料、インサイト素材の含有度の高い情報は、消費者調査によらないものに存在し、現在のところコールセンターの「VOC」、SNSの「ツイッター」の2つが有力である。それらは特に与件の少ない、初期のインサイト・ワークに適している。開発初期の仮説的なキー・インサイトが見つかれば、その次段階で、これまでに挙げた目的性のある消費者調査が役に立っていく。

（6）VOC、SNS（ツイッター）のインサイト・ワーク

VOC、SNSの2つは、ともにテキストマイニングの主な研究対象となり、

言葉の定量的把握を基本に、単語の上位出現度、頻出する単語同士の関係、表現のポジティブ・ネガティブ、感情分類など解析技術は発達してきている。テキストマイニング技術の到達目標もインサイト発見に置かれている。しかし、ビッグ・データの量的解析は得意だがもともと出現度の低い潜在ニーズの探索は苦手など、現在のコンピュータ能力のインサイト・ワーク初段階での限界も顕わになってきた。その先にある、インサイト・ワークの自動化＝AI化、キーインサイトの発見までには果てしない道程がある。いきなり、自動化を夢想するのではなく、情報検索、選別の道具としてテキストマイニング技術を活用し、あくまでもインサイト・ワークの主体を人間に置けば、この2つの情報からキー・インサイト発見は可能になる。

　VOCの場合、一般消費財企業のコールセンターに寄せられるユーザーからの声は、故障、クレームなどの不満情報7割、設置や使い方などの問い合わせ情報3割と一般に言われている。自発的、ノンバイアスとはいえ、そのままでは新欲求を探索することは難しい。
　VOCのインサイト・ワークを簡略に説明すると、
　　① A問い合わせ内容→Bお答え内容（A、Bは現テキストデータの構成要素）
　　② Cその時の気持ち（Aの転換）→D解決アイデア
　　③ E上位欲求・不満（Cの転換）→F新製品アイデアその1
　　④ G本質欲求（Eの転換）→H新製品アイデアその2

というフレームになる。作業はチームにより行う。
　②〜④がユーザーの声（A）から出発したインサイト・ワークである。
　そして分析者の知見、洞察、発想から得られたCEGの欲求集を「基本欲求」「上位欲求」「本質欲求」の3つに評価して分類、DFHのアイデア集を「改善レベル」「先進レベル」「革新レベル」の3つに分けて再度、体系化する。

　SNSのなかで、自発性、ノンバイアス性を突出して有しているのが、ツイッターである。特定の誰にというわけでもなく、その時その時に、心に浮かんだものを140文字でつぶやく。一方、フェイスブックは「自分」のバイアス、ラ

インは「話し相手」というバイアスがかかる。ツイッターの17年現在の国内ユーザー数は約4千万人、月間のツイート数は20億件とされている。

ツイッターでのキー・インサイト発見手法（KISM；Key Insight Searching Method もしくは提供サービス名 KISS；Key Insight Searching Service）は

① コンシューマ・インサイト素材抽出（該当市場のインサイト素材500 ～ 1000テキストを検索とインサイト含有性評価により抽出）

② インサイト素材の「欲求カード化」（50 ～ 80カード）

③ インサイト・ワーク（KJ法もしくは『価値マップ法』でキー・インサイトを発見。4 ～ 5のキー・インサイト）

からなる。

「コンビニエンス・ストアのおでん」のインサイト探索事例を見てみると

① 抽出された素材は「夕飯おでんだとテンション下がるけどコンビニおでんは好き。おでんはおやつ」「お餅たべたい……やっぱりおでんかしら」など、ブログやフェイスブックでは得られない「飾らない自分」「縛られない言葉」、アンケート質問の回答では出にくい「今、その場での心の声」

図10-1　キー・インサイト探索事例（その1）
コンシューマー・インサイト素材

夕飯おでんだとテンション下がるけどコンビニおでんは好き。おでんはおやつ。
ウチナーおでんは、テビチに限る。コンビニおでんにもテビチはあるが、高級ネタである。
家おでんとコンビニおでん、居酒屋おでんと専門店おでんは違うのですよ～ (*´ω｀*)
「コンビニおでんの残りつゆ」でだし巻き卵が作れた!
大根とたまご、おでんつゆたっぷりにしらたきをちゅるちゅる食べたらちょっとラーメン感ある。へるしー!
これからわカップラーメンやめてコンビニおでん？を食べます。きっとカップラーメンばっかり女子わ肌荒れがやばいからおでんでヘルシーにする。って言いつつも卵を食べる。笑
コンビニコーヒーとコンビニおでんは一度ハマると抜けられなくなる、あとレジんとこにある揚げ物
でも夜中のコンビニおでんって禁断の味がするよね
お餅食べたい……(´・ω・`) やっぱコンビニおでんかしら

出典：ツイッターより著者作成

第10章　企業価値向上に向けた広報・マーケティング

図10-2　キー・インサイト探索事例（その２）　欲求カード化

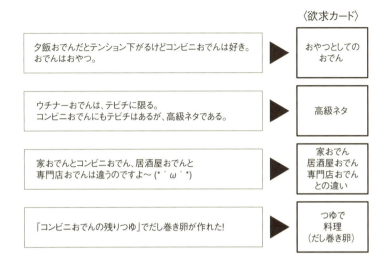

出典：著者作成

図10-3　キー・インサイト探索事例（その３）　インサイト・ワーク

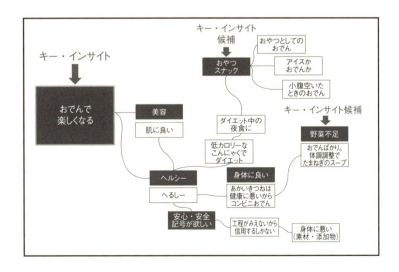

出典：著者作成

181

が表出している（図10-1）。

②「欲求カード化」では、インサイト素材が「おやつとしてのおでん」「高級ネタ」「家おでん、居酒屋おでん、専門店おでんの違い」「ラーメン感のある」など短い言葉でカードへと変換される（図10-2）。

③インサイト・ワークでは、PC画面上のKJ法である「価値マップ法」により「欲求カード」から、「おやつスナック」「野菜不足」「ヘルシー」などの「インサイト候補」が導かれ、キー・インサイト『おでんで美しくなる』が発見されている（図10-3）。

（7）キー・インサイトとコンセプトの関係

先述したように、キー・インサイトとコンセプトは対の関係にある。開発コンセプト、事業コンセプト、商品コンセプト、コミュニケーション・コンセプト、PRコンセプト、さまざまな段階のコンセプトに共通する特性を理解すれば、インサイト・ワークにも役立つ。

コンセプトの特性は、どのようにコンセプトを評価するか、から知ることができる。コンセプトを評価する指標は次の3点からなる。いずれも、コンセプトの受け手、ターゲット消費者がどう評価するかという視点から設けられている。

◆ インパクト（驚きがあるか、意外性があるか、新鮮か）

◆ 関与（自分に関係があるか、共感するか）

◆ 信用（信じられるか、その情報を信頼できるか）

最初に挙げた「インパクト」は、コンセプトの評価で最も重要な指標である。受け手にとって、そのコンセプトがどれだけ新しい情報か、即ち、ニーズの潜在度を示す。仮に、インパクト指標を5段階評価で、「全く驚きがない」と評価された場合、そのコンセプトは、すでに顕在化されたニーズに基づいていると考えられる。逆に「とても驚きがある」であれば、そのコンセプトは受け手にとって、これまでに自分で気づかなかった、あるいは、接した経験のなかった情報であり、コンセプトを形づくったニーズは潜在していたニーズだ。こう考えると、「インパクト」は、ニーズの顕在度、潜在度を測ることの

出来る指標と言える。

　通常、コンセプト評価で「インパクト」が低ければ、コンセプトの開発段階、ニーズ探索にもう一度戻ってやり直すことになる。コンセプトの角度を変えて再作成しても、とらえたニーズそのものが古ければ、インパクトの上昇は見込めないからである。解決するニーズが既に見知ったものである場合、商品であれば価格競争に陥るおそれが高いし、コミュニケーションであれば注目度を上げるのに苦労することになる。それは、ただの石を光らせようと努力するに等しい。

　「関与」は、ターゲットの整合度を測る指標である。「自分に関係ない」ならば、そのコンセプトは受け手に向けてもっと練り直されるべき、もしくは他の受容者、ターゲットを探す、の2方向が考えられる。

　「信用」は、初期のコンセプト評価時点ではそれほど気にならない指標で、評価に含まない場合も多い。「受け手の意識を刺激したか（インパクト）」、「ターゲットが整合したか（関与）」、この2つで初期のコンセプトの魅力度は測られる。しかし、その後、実際にそのコンセプトが採用意向を惹き起こし、採用されるかどうかの時に、「信じられるか」が効いてくる。採用者の「信用」は、ブランド、価格、近似の商品の実績や評判、用意されたエビデンスなどで形成される。

（8）コンセプトの成立と錬磨（PDCA）

　「自分たちだけで、好きなところに、馬の休憩や乗り継ぎもいれずに、自由に移動できる馬車（ワゴン）」というコンセプトが、車のない時代に提示された時に、人々の反応はどうだっただろうか？

　まだ、そういうものがないのだから、自分もそう思っていたという人は例外的であり、意外性を伴った「インパクト」が得られるだろう。特に、頻繁に馬車で長距離移動を行っている人ほど、「自分に関係がある」とするだろう。初期のコンセプトは、「インパクト」「関与」の2つの評価が得られた時点で合格と言うことになる。

　実際には、消費者のこれまでの製品やサービスに対する保守性は強く、驚きは感じるが、自分には関係がないという人が大半である。コンセプト評価で

は、多数の評価を得るよりも、極めて強い一人の支持があればそれでいいと言われるゆえんである。

　評価の高いターゲットから、「実際に、乗り合い馬車の停車場から、自分の家まで馬に乗り換えなければならず不便だ」とか、「言われてみればそう。馬の休憩時間が長くて、とっても無駄」、「自由に行けるなら、A地点からB地点も自分たちだけで行けるのだろうか」など、受け手側の潜在ニーズがコンセプトの刺激によって具体的に引き出された場合、コンセプトが受容されたことが証明され、マーケットは存在するという確信は高まる。

　通常の商品開発のマネジメント・プロセスでは、先ず探索型調査で得られた消費者の実体や欲求、不満の情報が、開発担当者のためのコンセプト作りのための基礎情報となる。開発担当者の頭の中で、まだ生まれていないアイデアと、まだ見えかかっただけに過ぎない潜在ニーズが出会い、しっかりと結びついたときに、コンセプト仮説が出来上がり、潜在ニーズはキー・インサイトと認定される。

　そうして、検証調査によって初期コンセプトの受容性が確かめられて、最初のPDCAは回ったことになり、次段階に進む意志決定が完了する。初期が潜在ニーズ発見と検証段階だとすれば、次段階は、商品開発段階となり、「ガソリン」で走る、「内燃機関を持った」「人がハンドルを握って運転する」などの商品の基本像に関するコンセプト、さらには「最高時速○キロ」「1回のガソリン補給で○時間走れる」「○人乗り」など商品の特性、エビデンスも加わった商品コンセプト段階、試作・価格決定段階、量産試作やマーケティング・PR、広告などの各段階へと検証調査を判ったPDCAは進む。

　この間も、それぞれのコンセプトの基本評価軸は変わらず、「インパクト」の強弱、「関与度」の濃い薄い、そして「信用」の根拠を手がかりに、初段階のコンセプトはさらに強力なコンセプトへと磨かれていく。

▌5. 未来予兆分析の基礎知識

（1）未来へのタイムラグ

　新市場を求めて行くときには、何年くらいの先を見通すか、未来を見るレン

第10章　企業価値向上に向けた広報・マーケティング

ズの焦点は大事だ。情報源からどの位の先を示す予兆情報であるかは、経験的ではあるが、一定の目安がある。例えば、商品開発に関する要請の場合、流通、販売サイドからの情報はその時点から3ヶ月〜半年位、消費者のクレームや要望（顕在ニーズ）は半年から1年先位まで、潜在ニーズは1〜3年位先までの未来を示すと考えている。

　端的に言えば、営業の要望で作った新商品の寿命は半年以内、消費者の要望に応じた場合は1年位まで、消費者の潜在ニーズを発見した場合は3年位までのライフサイクル（商品寿命）が想定される。それは、実際にそれぞれの声をベースに開発された商品の売上げ推移からの経験的なガイドラインだ。もちろん、そのニーズの種類によってライフサイクルは変わるし、特に潜在ニーズは、発見されたニーズの潜在度によってさらに長いライフサイクルを持つ場合がある。

　話題にされることはあまりないが、企業で仕事をしている人はその職種によって、どの位先の未来を見ているか、その焦点距離は違う。

　技術者は基礎研究であれば10年先でも短いくらいだし、業界によって違うものの、企画から開発、上市まで3〜5年はかかるものがふつうだ。だから彼らは、おおよそ3〜5年、場合によって10〜20年位先を見ようとしている。彼らの見る未来の焦点距離は短い流行には反応しない、消費者の欲求のうち一時的と判断したものを本気で採用しない、というような技術者の情報選択の態度、その非明示的な反応に現れる。

　一方、市場と接点を持つ主な業務分野として、営業や広告、販促、コールセンター、そして広報の各部門がある。

　営業部門は、今日明日、今期の数字を見ている。主な情報源は卸、代理店、小売店と店頭だ。流通部門は日々の売上げと購買時点での消費者の情報、そして問い合わせやクレームが主な情報源で、その情報は店頭改善や、売り方の工夫など比較的、即時に出来る対処に活かされている。売上げという量を求めるので、声の多さが基準になることが多く、自ずと顕在ニーズ対応になっている。結果として、営業や流通部門が商品開発に関与した場合に、比較的ライフサイクルの短い商品が出来あがる可能性が高い。別にそれが問題というわけで

185

はなく、競争状態の激しいときに、即効性のある商品を投入することはよくある。コールセンターの情報も通常は即時対応が優先され、商品の不満解消、改善など営業と同様の焦点距離になることが多い。

　広告部門は、企画から制作までたいていの場合、3～6ヵ月の期間を要する。そして、広告の場合、同一市場の競合は当然としても、広告を出稿しているあらゆる企業の表現が競合相手である。その中で目立ち、効率のいい認知とイメージを獲得しなければいけないし、購入動機を刺激するという役目も負っている。当然、業務を遂行する人たちは、広告代理店も含めて、世の中の3ヵ月から半年先に目の焦点がある。販促部門もほぼ同様である。

　新市場を語るときには、どれくらい先にどのような市場、という感覚は重要だ。技術と市場の出会いを語るときに、できれば未来を見る目の焦点は固定でなく、ケースに応じて可変であることが望ましい。広報部門の業務の視点は、四半期先もあれば、1年先までの年間、ブランドやCSVを語るときにはもっと中期の5年～10年先など、課題によって焦点は移動する。未来への焦点が可変だということは、広報が新市場創造に関与すべき根拠の一つである。ただし、これまでマーケティング領域での広報の仕事の場合、当然とは言え、広告や販促に連動して短い焦点距離に合わせられていることが多い。新市場創造のためのマーケティングに寄与するにはさらに長い焦点距離が求められる。

　もちろん、生活者の未来を研究する部門があればその部門は新市場発見の主体である。広報は、インターナル・コミュニケーションの要として、リアルな社会の動きを技術者や生活研究部門にフィードバックしていく。そして、新市場を創造するためのマーケティング・ストーリーの構築に関与する。マーケティング・ストーリーの最初の仮説プランは新市場発見とともに欠かせない要素である。

（2）未来予兆分析の考え方

　未来予兆分析は、社会の変化を読みながら、次の社会の動き、生活者にとって新しい価値のありかを探索する認知科学的方法である。消費に関わる社会の動きをもたらすのは、生活者の欲求であり、最終的には彼らの新欲求を求めることを目的にしている。新欲求と潜在ニーズはほぼ同義で、幾分かニュアンス

図10-4　有徴記号と無徴記号

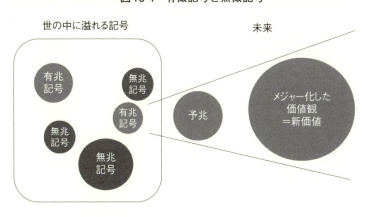

出典：星野克美の考えをもとに筆者作成

が違うとすれば、その出所だ。潜在ニーズは顧客や生活者の行動や意識観察から生まれ、未来予兆分析での新欲求は社会観察から生まれる。

　潜在ニーズ探索は、単品商品の開発によく使われる。対して、未来予兆分析は連続した複数の商品群開発、すなわち事業開発を目的にすることに適している。そこには、新しいバリューチェーン、ビジネスモデルも伴うことが多い。

　未来予兆分析の基本は、さまざまな社会事象の中から「予兆」を発見し、社会の「構造変化」に照らして、「新欲求」を「洞察」することにある。本来的な「インサイト」はここにある。洞察は、直観的な行為であり、なにがしかのひらめきやインスピレーションを伴う。

　新しい価値観は突然発生するのでなく、初めは漠としか捉えられないが、深層の流れは徐々に成長、拡大していく。その拡大の途上で、種々の出来事、事象が「予兆」として現れる。未来予兆分析の分析者は「予兆」の段階でその意味を感じ取り、解釈し、結果として未来の価値観を予知する。

　世の中の変化を記号としてとらえると、大きく2つに分けてとらえられる。それは、すでに変化の末期であるか、新たな潮流とはならない「無徴記号」と、まだ、マイナーではあるが、将来的にメジャー化していく可能性を持った「有徴記号」からなる。未来へのかすかな兆しを持った「有徴記号」の深層の

意味を感じ取ることができれば、それは「予兆」として認められる。つまり、記号を社会変化に照らして意味が結ばれ、これから生まれるあらたな価値を発見すれば「有徴記号」であるし、新たな発見がなければ「無徴記号」とみなされる（図10-4）。

　例えば、今日の新聞を見ると「犬用の紙おむつ、雄雌用発売」の話題がある。仮にこの記号を「高齢化」という社会構造変化に照らすと、「ペットはヒトと同じ」という深層の流れがあり、「老々介護はペットにも」という「価値」が発見される。それが新価値と言えるかどうかは、新たな商品群やビジネスを予見できるかにかかっている。その結果で、「犬用の紙おむつ、雄雌用発売」の記号が「有徴記号」であるか、それとも既に顕在化している「無徴記号」であるかが判定される。

（3）フィードバック発想

　だから、未来予兆「分析」と言っても、「予兆の発見」が鍵になり、そこには自分なりの「発想」が求められる。その発想の仕組みは、３つの空欄からなる「フィードバック（バックル）発想」のフレームでシンプルに表される（図10-5）。

　フィードバック発想の原型は、フランスの人類＝社会学者エドガール・モランの「バックル構造」である。例えば、「個人」と「社会」は、互いに影響を与え、回路的に作用しあうという考え方がある。「個人」は自分の個を主張しようとするが、その個も「社会」から生まれたものだし、当然「社会」は「個人」の影響を受ける。この二重性には相反と融和、片方を全否定すれば自らも否定されてしまう寄りかかり、片方の意味を問えば片方に遡る相互の影響と干渉、内にあるものが外にあらわれるような、ちょうどベルトの留め金（バックル）のような関係があることから名付けられた。

　この回帰的な構造は閉じられたように見えるが、もうひとつのフレームを置けば、「個人」と「社会」の入れ子の構造から生まれる「何か」を想像することが出来る。それは「民主主義」でもいいし「法律」でも「自由」でもいい。それらはいずれも、「個人」と「社会」の状態に合わせて、変容する（図10-6）。

　未来予兆分析を「フィードバック発想」を使って表すと「社会構造変化（メ

ガトレンド)」「予兆」「未来価値（新欲求）」になる。予兆は、社会構造変化に照らして意味解釈され、「有徴記号」となって、未来価値の発見へと繋がる（図10-7)。

その時に、「予兆」→「社会構造変化」、「予兆」→「未来価値」の2箇所で行われるインサイト（洞察）は、それぞれ直線的に従うものではなく、「無意識の認知」とも言われるように、インスピレーションによっている。

未来予兆分析の体系を初めて示した星野克美氏（多摩大学名誉教授）は、「一葉落ちて天下の秋を知る」にたとえた。青桐の一枚が落ちる様子で、秋の到来を予見する。この「桐一葉」が有徴記号で、「天下の秋」の予兆となる。

図10-5　フィードバック発想法

図10-6　バックル構造とフィードバック発想法

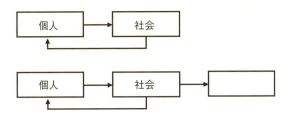

図10-7　フィードバック発想法

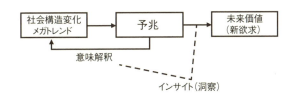

出典：エドガール・モラン「意識ある科学」「方法5．人間の証明」
　　　（いずれも叢書、ウニベルシタス：法政大学出版局）をもとに著者作成

189

「秋到来」のインスピレーションを得るためには、四季の存在、夏の後に毎年繰り返す性質、木々の変化が認識されて、目前の小さな変化、「桐一葉」という兆しと結びつかなければならない。

洞察の中身、インスピレーションのありよう、意味の結ばれ方をあえて解説するとすれば、「飛躍」や「反発」、「打開」、「視座そのものの転換」「本質回帰」「複合進化」「循環（拡大と縮小）」「くり返し（螺旋的進化）」など、アイデア発想法の諸要素が挙げられる。

ちなみに、螺旋的進化の一例を挙げると、1960年代後半のミニスカートブームは世界を席巻し、中高年女性から英国女王まで膝の隠れるスカートを着ているひとは見あたらないほどだった。次いで起こったのはマキシスカートと言われるくるぶしまで届くロングスカート。その間、ミニスカートの再ブームはいつ頃にやってくる、というようなタイトルの雑誌もあった。実際、マキシスカートの後にやって来たのは、やはり膝を見せるタイプではあるもののホットパンツやキュロットスカートだった。流行は繰り返すが、同じ所に留まらない、螺旋的進化の分かりやすい例と言える。

（4）社会構造変化・マクロトレンドを捉える

未来予兆分析の作業は、多様な部署、技術者やマーケティング関係者のチームで行うのが望ましい。作業に先だっては、求めるべき未来市場の大枠や、与件を整理する。企業のビジョンや、開発中の技術、現市場の課題、もしくは自社の強みなどがそれにあたる。

同時に、作業を行う人の未来への焦点を合わせるためにも、何年後の市場を狙うかという時間的な目標もあった方が良い。3年後、5年後、10年後、長くても20年後、事業でとらえたい未来はそれくらいまでの距離のことが多い。時間軸をとらえるには技術の革新度もあるが、基本は市場側の変化、特に、人口動態によって予測する。現在の45才は10年後には確実に55才になる。生活者欲求が未来の変化をもたらすということと、予測の多くは当たらないと言われるなか、最も頼りになる測り、「人間は確実に年を取る」を基準にするわけだ。

人口動態における把握は一般的に、その人が生まれ育ってきたなかで形成してきた「世代特性」と、心身の成長と変化、ライフステージ変化を伴う「年

齢特性」の２軸、コーホートで見る。

「世代特性」は話題にもなりやすいので、たくさんの世代名が生まれてきた。日本では、団塊の世代が最も有名で、全共闘世代、しらけ世代、新人類、いちご世代、HANAKO世代、ゆとり世代などの名付けが知られている。世界でも、朝鮮戦争後の出生数増加による米国のベビーブーマー、韓国の88万ウォン世代、中国の改革開放後世代、80後世代（一人っ子政策世代）とかつては、それぞれの国なりの世代があったが、消費と情報のグローバル化が進み、およそ相似になってきた。

東京とニューヨークの都市生活者トレンドを長きにわたって観察し続けている消費文化研究の泰斗、蔦川敬亮氏の主要世代分類は、次の４つである。

◆「アイゼンハワー・ジェネレーション」1944年生まれ以前…アメリカの文化、風俗で感性を刺激され、その消費文明に憧れ、啓発されて、規範や基準とするなかで自我を確立した世代。

◆「ミー・ジェネレーション」1945年〜61年生まれ…1960年代半ばから70年代にかけて、既成のからを破る表現活動の洪水の中で思春期、青春期を過ごし、自我を確立してきた世代。そのコアになっているのがいわゆる47〜49年生まれの団塊の世代。広義団塊世代とも呼ばれる。

◆「マテリアル世代」1962年〜76年生まれ…バブル経済の中、豊満な消費を謳歌した80年代に自我を確立した世代。物欲旺盛でスノビッシュな生活感覚。物質的豊かさを価値として意識。

◆「ロスト・ジェネレーション」1977年〜1992生まれ…「失われた10年」と呼ばれる時代の中で自我を確立。悲観主義の時代（90年代）に自我を確立してきたが楽観主義の一面を持つ。

◆「ニューマテリアル世代（仮称）」1993年生れ以下…マテリアル世代の子供たち。

蔦川敬亮氏は、世代区分は音楽やファッションの同世代感によく表れると言う。例えば、「ミー・ジェネレーション」はビートルズやロック、ジャズ、そしてジーンズ、Tシャツの世代、「マテリアル世代」はテクノ音楽とデザイナーズ・ブランド、ボディ・コンシャスの世代、「ロスト・ジェネレーション」はラップ・ミュージックとストリート・ファッションの世代と分けられる。

アメリカの世代分類名では、「アイゼンハワー・ジェネレーション」は同名、「ミー・ジェネレーション」は「ベビーブーマー」、「マテリアル世代」は「X世代」、「ロスト・ジェネレーション」は「Y世代」もしくは「ミレニアル世代」、「ニューマテリアル世代」は「Z世代」にそれぞれ相当する。

世代変化以外の人口動態では、人口減少（世界の人口増大）、高齢化、少子化、単身者増大、標準家庭の縮小、婚姻年齢の上昇などがある。

マクロトレンドは、人口動態ほど確かではないけれど、ここ暫く、5～10年くらいでは継続すると思われる社会変化で、多くの人に対して、さまざまな関連事象、ブームを引き起こしている。

◆ 女性の社会進出
◆ グローバル化
◆ 人の移動の増大
◆ 環境問題と環境意識
◆ 医療の発達
◆ 遺伝子解明
◆ ロボット化
◆ 社会的公正（ソーシャリー・コレクト）

さらに、消費場面に踏み込むと

◆ フィットネス関心と行動
◆ 心と身体との関係への注目
◆ 家事の外注化
◆ 家庭内志向
◆ 自己啓発、学習
◆「シニア」記号の否定

などが一例である。

┃ 6. 未来予兆分析のステップ

未来予兆分析のステップは「予兆情報の収集」「予兆カード化」「予兆カードの分析」の3つからなる。

（1）予兆情報の収集

　最初の「予兆情報の収集」は、世の中に溢れる記号の収集である。新聞や雑誌、インターネット情報、消費者データ（主として定性情報）の情報を洗い出す。このときに気をつけたいのは、情報の等価性で、紙面を割いた大きな記事と数行ほどの記事、業界の記事と異業界の記事、企業の記事と消費者のふとしたつぶやき、には有徴記号の発見という意味での軽重はないということである。できれば、全ての情報を同文字数の短文にして、等価性を形に表すと、情報の軽重につかまりにくくなり、記号は浮き出やすい。

　星野克美氏は、その著書「流行予知科学」（PHP 研究所刊）で、予兆情報収集の領域を次のように書いている。

　＊未来予兆情報の収集ジャンル

　消　　費　A 消費、生活

　　　　　　B 広告、新事業、新業態

　文　　化　A ファッション、デザイン

　　　　　　B 商業建築、都市建築

　　　　　　C 音楽、映画、文学、演劇

　　　　　　D テレビ番組、ラジオ番組、メディア文化

　　　　　　E 思想、哲学、宗教

　社会経済　A 人口、世帯、宗教

　　　　　　B 世相、風俗、流行

　　　　　　C 科学、技術

　　　　　　D 経済、産業、企業、

　　　　　　E 社会、政治、経済

　広報の最も基本的な業務に、新聞や業界誌、雑誌記事、WEB 情報をクリッピングして役員や社内に回覧する仕事があった。今はイントラネットで配信する企業も多いだろう。広報に配属された新人が最初に担当することも多い業務だ。受け身であれば、「知らないと困る業界情報の周知」であるが、攻めに転じれば、「予兆情報収集と共有」の仕事となる。業界、競合に関する情報が大事な市場シェア争いの時代から、「予兆情報」が重要な市場価値創造時代に変

容しようとする時に、情報のクリッピング対象と領域、役割は自ずと変わって行くだろう。

　実際の未来予兆分析では、予兆分析に先立って整理されたおよそ狙うべき市場領域の与件（ビジョンや、技術の方向性など）を加味し、収集ジャンルを決定する。またそのジャンルに応じたグレーデータ、独自の消費者調査や専門家ヒアリングの結果も収集対象に加える。

（2）予兆分析カードの作成

　「予兆分析カード化」は、カード化と言っても、ただ情報を整理するのでなく、情報に対する洞察、「フィードバック発想」の要素を持った、創造的なフレーム・ワークである。新市場発見のためのアイデア抽出作業と言い換えても構わない（図10-8）。

　新商品・新事業開発時の作成例を挙げると、まず、「予兆」情報の拾い上げがある。収集した予兆情報をみて、分析者が有徴記号と思われる情報をピックアップする。そして、その予兆を照らす「社会構造変化・マクロトレンド」にフィードバックし、そしてその２つが影響して起こる「市場（欲求）変化」を求める。最も発想力の問われる場面だ（図10-9①）。社会構造変化やマクロ

図10-8　予兆分析カード

1-1. 予兆	4-1. ターゲット
	女性　男性　　10代　20代　30代　40代　50代　60代〜
	4-2. ターゲットの欲求
1-2. 情報源・画像	
2. 予兆を照らす社会構造変化・マクロトレンド	5-1. 20○○年 新コンセプト（商品アイデア）
	5-2. 自社の強み・技術
3. ○○市場（欲求）への影響、予想される変化	5-3.　特長・ベネフィット
	5-4. 商品イメージ

出典：星野克美氏の考えをもとに著者作成

194

図10-9　予兆分析カードの記入ステップ

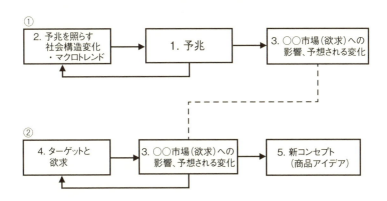

出典：著者作成

トレンドという潮流に、予兆という小舟を置くと、中心の流れに乗って勢いよく走ることもあれば、逆流に乗って全体の流れとは逆に向かうことも、支流に入り込んでしまうこともある。その動きで目には見えない潮流「市場（欲求）変化」、即ち、「新市場」を洞察する。

次のフィードバック発想は「市場（欲求）変化」が、具体的に「誰にどのような欲求」となって現れるか、そしてそれはどのような「新コンセプト」を生み出すか、という構造である（図10-9②）。潮流の喩えで言えば新コンセプトとは新しい船であり、新しい形と走らせる場所、走らせるのに適当なタイミングを測る。

この時の新コンセプトには、先に挙げた2つの評価指標、「驚きがあるか」「（ターゲットにとって）関係があるか」が織り込まれていなければならない。新コンセプトの成立基準を満たすことが出来ないと感じたならば、「市場（欲求）変化」→「社会構造変化・マクロトレンド」→「予兆」まで、フィードバック（遡及）する必要がある。拾い上げた予兆が有徴情報かそうでなかったか、洞察に不足はないか、などの折り返しを行う。

この予兆分析カードの「新コンセプト」には、コンセプトを具体的に支える2つの要素、「自社の強み・発揮する技術」と「ベネフィット」が添えられている。いくら新市場と言っても、自社の強みの何もない分野で市場を構築す

ることは不可能に近い。チャネル力やターゲットとエンゲージされた何か、調達から販売までのバリューチェーンのなかから強みを足がかりにしたい。それらの代表例が、「技術」である。もしも「技術の可能性」を求めながら新市場を築くという与件があるのならば、予兆分析カード内の順序立てにこだわらないで、「技術」から「予兆」を探し求めることも可能だ。

（3）予兆カードの分析

　こうして記入された予兆分析カードは、有力なアイデアを「選別法」を用いて絞り込んでいってもよいが、通常は KJ 法やブレーンストーミングなどで、さらに新たなアイデア開発を行う。

　選別法は、未来予測を反復ヒアリングで収斂させるデルファイ法に代表される西洋的な技法であり、KJ 法は川喜多二郎氏が考案した東洋的な発想法である。KJ 法やブレーンストーミングは、アイデアを磨き上げ、再創出をするためにある。「もしも同じテーマに、世界のどこかの競合企業が、同時にトライしているとしたら」というくらいの仮定に立つと、再創出作業の意味がはっきりするかも知れない。同様に、星野克美氏の考案による未来予兆分析も、直観力や洞察力を主眼に置く点で、東洋的発想法と言える。グローバル競争は、マーケティングの競争でもあり、相手がどのようなマーケティング技術を持っているかを知り、自社はどのようなマーケティング技術を採用するか、ということも重要になってくる。世界にない東洋の知恵を使わない手はない。

　未来予兆分析からさらにアイデア開発を行うもう一つの目的は、同一市場に複数の商品コンセプトを求め商品群となし、新事業を成立させるためである。単一商品のライフサイクルで新市場を築くことは難しいし、新市場構築のための技術開発投資、製造投資、チャネル投資、マーケティング投資に対するリスクが大きい。当然、競合の追随的参入も考慮に入れなければならない。技術の進展にあわせながら、市場の拡充を狙い、複数の商品を段階的に導入する中期戦略仮説を組み立てる。

　実践的に再分析を行うには、予兆分析カードを切り離し、どのような「社会構造変化・マクロトレンド」が採用されたか、「予兆」の種類、求められた「新欲求」、「ターゲット」、そして「新商品コンセプト」のそれぞれを整理す

る。ある程度、狙うべき新市場、ターゲットが浮かび上がったら、商品コンセプトのアイデアをブレーンストーミングでさらに抽出する。こうして狙いの市場に複数の商品アイデアを置く。

そして、新事業戦略ブリーフィングは、そのままこの再分析の順序で組み立

図10-10　予兆分析カードからの新事業戦略ブリーフィング

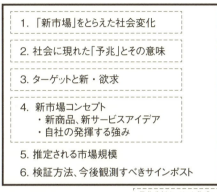

出典：著者作成

図10-11　新市場創造のマネジメント

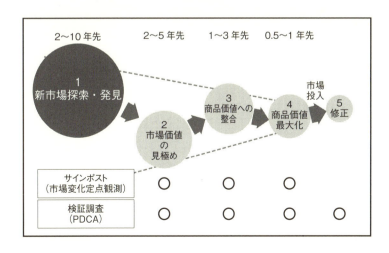

出典：著者作成

てられる。つまり、「新市場探索のために、どのような『社会変化』を捉えた
か、そこには確かにこのような『予兆』が現れている、だから、このような
『新市場』と『ターゲット』を狙いとして、次の『新コンセプト』に基づく商
品群を中期的に投入する。その際、『自社の強み、もしくは技術』は、ロード
マップ化し、推進する」という組立てになる（図10-10）。最終的には、そこに、
「想定市場規模、売上げ予測と利益計画、投資額見込み」を加え、意志決定の
ステージに上げる。

　もちろん、この段階の市場予測は、数年先の市場の仮説的な予測であり、開
発と意志決定の初段階でPDCAがまわされる（図10-11）。新商品発売までに、
市場価値の見極め（新欲求がどれ位の可能性を持っているか）、商品価値への
整合（商品コンセプト、ベネフィット、技術、デザインイメージ）、商品価値
最大化（ネーミング、パッケージ、広告コミュニケーション）の諸段階でサ
インポスト（予測に関する環境変化、当該市場に関わる競合の動き）、新欲求
が検証され、戦略の修正が行われる。古代ギリシャのパラドックスにあるよう
に、矢は的に当たるまでに無限の中間点を持っている。あらゆる意志決定は、
未来にはかることに帰着する。矢を未来市場という的に放つ、例えそれほど正
確に狙えてなくても、的に当たる直前まで軌道修正を重ねていけば的に当たる
可能性は格段に上がっていく。

7. マーケティング・ストーリー

（1）初期市場を拓く

　中期戦略仮説が組まれ、着手の意志決定がなされたら、最初に上市する商品
の開発フェイズに入る。技術、設計、調達、製造、販売、それぞれの企画着手
が始まるわけだ。そのキックオフは、各部署の人間が勝手に描いている商品像
や市場像を一つに結ぶことが重要で、商品のあるべき姿、世の中に出てター
ゲットに受け入れられる道筋、4Pのあらまし、いわゆる「マーケティング・
ストーリー」の共有がその役割を果たす。

　新しい市場を狙うときに最もやっかいなのは、初期市場での成功だ。過去の
顧客もなく、ターゲットが具体的に誰なのか、どんな理由や納得でその新商品
を採用するのか、仮説を重ねていくしか手はない。大きなロットも見込めない

第 10 章　企業価値向上に向けた広報・マーケティング

ので、価格も普及価格帯より上のことが多い。成功した事業のケーススタディ
は、企業 PR の素材としても取り上げられる。成功した時点から振り返ると一
つの道筋（ストーリー）になるが、初動の時は、隘路もあれば、障害もある、
そして沢山の分岐が待っている。

■2014年、炭素繊維複合材の開発に長年取り組んで来た東レが、ジェット機
　の構造材として、米ボーイング社から巨額の発注を受けた。鉄に替わる自動
　車素材の可能性でも話題になった。しかし、それらの市場が初めから見えて
　いたわけではない。1970年代、炭素繊維が市場に出始めた時の市場は、鮎
　用の釣り竿やゴルフクラブのシャフトだった。今でもその市場は堅調であ
　り、テニスやバドミントンのラケット、自転車などのスポーツ用品市場を形
　成している。「炭素繊維」という技術可能性が見えたとき、新市場模索のまっ
　ただなかで、用途は「釣り竿」、ターゲットは「釣り好きの人」、商品は「長
　く軽い竿の必要な鮎釣り」まで、原糸や洋服の生地を生産、販売していた繊
　維メーカーの人間がたどり着き、開発、生産、販売に至るのは容易ではない
　ことは想像できるだろう。「釣り竿」から「ジェット機の構造材」まで40年近
　くの年月を待たねばならなかった。

■携帯・スマートフォンの日本の市場は、2015年時点で、7000万台を超えて
　いる。1990年、現在の携帯電話の原型といえる、ポケットに入るサイズの携
　帯電話（NTT ドコモ mova）が登場しようとしていたとき、街には至る所
　に公衆電話があり、安価なポケベルは、営業マンはもとより大学生にまで普
　及していた。しかも、保証金、新規加入料の初期費用がおよそ15万円、毎
　月の回線使用料が1万7千円、通話料は3分260円だった。もちろん、携帯
　電話ショップはまだ1店もない。携帯同士で会話する可能性はゼロに近い。
　　その時に発見された市場は、往診の医者、公衆電話が引かれていない工事
　現場やイベント会場だった。そして、医者は往診時に誰とどんな連絡を取り
　たいと思うのか、工事現場では工事の工程別にどんな外部連絡が必要なの
　か、何台くらいの売上げが見込めるのか、という綿密な調査が行われた。
　　結果的には、後の価格下落が市場を急拡大させることになるが、初期市場

199

獲得で失敗していたら、もっと普及は遅れていたかもしれないし、携帯電話の主要プレーヤーは違っていたかも知れない。

■メガネタイプや腕時計タイプのウェアラブル・コンピュータが、スマホやタブレットのつぎに期待できる大きな市場として注目を集めている。世界で初めて腕時計型のコンピュータに挑んだのは、セイコーグループで、1984年、CPU、メモリ機能をもった「腕コン」(UC-2000)、エプソンからも同年、「リストコンピュータ」(RC-20) が発表、発売されている。

　1998年にはセイコーインスツルメンツ社から発売された「ラピュータ」は、16ビットの CPU と内蔵フラッシュメモリーを搭載し、PC からデータやアプリケーションのやり取りが可能、スケジューラーやアドレス帳、ゲームなどが可能だった。価格は当時、 3万8000円と 4万8000円、初年度販売目標は10万台だった。実際にどのくらい売れたかは定かではないが、後継機種は発売されなかった。

　しかし、セイコーエプソン社が2014年、「ウェアラブル・デバイス」として、脈拍センサーや活動量計のついた「パルセンス」、メガネ型の「スマートグラス」を発売した。挫折を味わいながらも新市場創造へのトライは続いている。

　今、例に挙げたそれぞれの新市場創造活動の、自分がその時の当事者であると仮想してみると、初期市場形成の困難さが理解できるだろう。

　逆説的ではあるが、成功をイメージし、未来から一つの筋道を描くのが、マーケティング・ストーリーの作成のコツだ。その際に気をつけたいのはマーケティング・ストーリーを構築する視点である。事業視点での未来描出は、数十億、数百億の数字とともに巨視的になりがちだし、障害も大まかで、ブレイクスルーや筋道をリアルに描き出すことは出来ない。そんな時、数百億円の事業も一人の消費者（エンドユーザー）の数百円、数千円の価値交換の集積だという視点に立脚すると、新商品がどうあれば、その消費者が得るベネフィットや喜び、感動に結びつき市場にとって必要なものになるかを描き出すことが出来る。

（2）広告コミュニケーションプロセスと購買プロセス

　広報や広告の業務に携わると、広告コミュニケーションのプロセス、AIDMA や AISAS を活用することが多い。

　AIDMA（アイドマ）の法則（Attention：注意を引く→ Interest：興味をもつ→ Desire：欲求をもつ→ Memory：記憶する→ Action：行動、購買する）は1920年代に発表されたというから、マーケティング領域のなかで広告研究の発達がいかに早かったかを物語っている。AIDMA は、プロモーションやメディアミックス（広く注目を集めるためのテレビ広告、記憶残存のための雑誌広告と言うような狙いでの媒体選択）の組立に活用されたし、広告表現の評価項目にも応用されてきた。

　インターネットの普及によって情報媒体を提供側が握ってきた時代から、生活者側も媒体を持つようになり、自ら情報を探し当て、比較的楽に情報交換が出来る場が整ってきた。広告の役割も問い直されていて電通は2005年にAISAS（アイサス）の法則（Attention：注目する→ Interest：興味を持つ→ Search：調べる→ Action：行動、購買する→ Share：情報を共有する）を商標登録した。

　AIDMA、AISAS いずれも最初が Attention であるように、何よりも先ず、高い認知を得ることが重要視されている。認知率は、購買意向率と掛け合わせることで、どの程度、広告費を投入すれば認知を獲得するか、どれくらいの購買が起こるかを予測することもできる。

　しかし、AIDMA、AISAS では、マーケティング・ストーリーのためのコンテンツを作成することは難しい。それは消費者にコミュニケーションを投げかけるための組立て、仕掛けの方法であり、市場を切り開くための消費者理解の方法ではないからだ。

　消費者心理を理解し、商品採用の障害を探るには「消費者の購買決定プロセス」に戻らなくてはならない。

　購買決定プロセスは、「問題認識→情報探索→代替製品の評価→購買決定→購買後の行動」の５段階が古典的なモデルとなっている。このモデルは、1960年代後半に整理された。

人は消費に際して、まず、「問題認識」のフェイズに立つ。何がしかの不満、不便、もしくは欲求が起こる。次に「情報探索」を行い、欲求を満たしてくれる商品やサービスを探す。続いて「代替製品評価」で同じ目的を達することの出来る代替品、競合品をとの比較を行ない、「購買決定」を行う。そして、「事後行動」で使用を体験する。使用体験時には、「問題認識」以降のフェイズで持った「期待」と使用時の「満足」を測り、その評価を人に伝える時もある。使用体験、消費の後、再び「問題認識」に戻って再購買もしくは離反が起こる。

　この古典的モデルは極めてオーソドックスな通用力の高いモデルだが、やはり、インターネットの普及により、「問題認識」と「情報探索」が逆転したり、同時に起こったりするケースが見られる。例えば「ネットをみていたら、たまたま激安の旅行商品が目についたので、旅行に行きたくなって購入した」などである。「ネットで写真に上げるのも目的で買った、食べた」というのは「購買事後行動」と「問題認識」が結びついている。

　ちなみに、テレビ通販の場合、「問題認識」と「情報探索」を中心に、購買決定プロセスのすべてのフェイズを組み込んで番組を作成している。「こんな問題抱えていませんか？これまでの製品はこうでした。それはこの商品で解決できます。実演と実際に使用した人の声、そしてお値打ち価格」という仕立てである。

（3）マーケティング・ストーリーのための戦略的購買決定プロセス

　実は、「購買決定プロセス」は、市場によって、各フェイズの中味や軽重が違う。

　フェイズの中身について、例えば、「代替製品の評価」が他市場にある場合を取り上げると、「美容機器」市場では、「化粧品」「エステティックサロン」など美容機器内の競合よりも、近似の他市場の存在が大きい。「車」の購入は、「海外旅行」や「引っ越し」など、大きなライフイベントが代替を担っている。

　フェイズの軽重では、「塾や予備校」の場合、通いやすいか、先生の印象や学習法、実績を深く知りたいという欲求が強く、「情報探索」時のウェイトが大きい。「コンビニエンス・ストア」は、習慣的な利用が影響して「情報探索」

第10章　企業価値向上に向けた広報・マーケティング

「代替製品の評価」が薄くなる。BtoBでは「代替製品評価」において企業の実績や供給能力、納入価格などが厚くなっていることが多い。

「購買決定プロセス」を活用する上で、もっと重要なのは、「購買決定プロセス」は同一市場でも、企業の競争地位やバリューチェーン特性によっても変わるということだ。企業は、市場特性、競争地位、自社の強みを、「戦略的購買決定プロセス」に変換することで、自社独自のマーケティング・ストーリーを組み上げることが出来る。

ガリバー型のトップシェア企業であれば、需要全体を決定する「問題認識」、顧客を逃がさない「購買事後行動」が重要であるし、シェア2位の企業であれば、当然「代替製品の評価」が戦略上、重要なフェイズである。

バリューチェーン別では、ネット販売に重点を置いている〔情報探索に戦略ウェイト〕、店舗販売が中心〔購買決定に戦略ウェイト〕、など同一市場であっても企業特性によって重視するフェイズと施策は違ってくる。

市場の成熟化、ハイパー・コンペティション時代においての「戦略的購買プロセス」の鍵は「問題認識」にある。「問題認識」そのものの希薄さが課題で、「とりたてて欲しいモノはない」「どこの製品も同じようなもの」、消費者の商品関心度、購入意向率が伸び悩む市場カテゴリーがここかしこに見受けられる。

新市場創造とは、消費者に新しい価値を提示し受け入れてもらうことである。そのために、新市場創造のためのマーケティング・ストーリーは、消費者の「問題認識」に働きかけ、潜在意識を顕在化させ、上位欲求を提示し、既存の価値観や概念の転換をはかるものでなければならない。

8. 結び

（1）広報の未来～組織は戦略に従う、戦略は環境変化に従う

現在のマーケティング分野での広報活動は、広告の補完的活動が大きい。

これまで述べてきた機能は、現在の広報部門には荷が重いかもしれない。そうでなくても広報部門はブランド戦略推進、IR活動、危機管理対応、CSR対応とその業務を拡大してきた。CSやVOCなど消費者対応業務を行っている企業もある。SNS対応も業務に加えられてきている。これは広報部門が企業

と社会を繋ぐ接点として、社会要請を受けとめ、応える必要から生じた結果である。対応の規模が大きくなれば広報部内外の専門組織が設置、移行される。いわば、広報は、社会や市場の変化を受けてその業務領域が変容する部門、という宿命にある。

　この章の冒頭で触れたように、マーケティングにおける価値からブランド価値が生まれ、その先に、新市場創造という課題が待ち構えている。企業の主題は、イメージ資産としてのブランド価値創造から、具体的な事業としての市場価値創造へシフトしていく。

　企業が価値創造体へ変貌していくとき、すべての組織も変化していく。例えば、現在のブランディング推進業務は、プロジェクトであれ専門部門であれ、大抵、さまざまな部署の担当者の混合体で組織されており、マーケティング部や広告部、広報部は主管的な役割を担っている。ブランディング推進業務は、市場価値創造推進業務へと進化するだろう。

　企業の新しい提供価値創造のためには、新しい市場の発見が前提となる。そして新しい市場は、現在の顧客だけでなく一般生活者、その集合体である社会のなかにある。CSV は、消費者と社会に対する問題解決、価値提供を問うている。そのようななかで、広報部門は今後、市場変化の察知、潜在ニーズ発見と未来予兆分析を通した未来市場の予測、技術と新市場とのマッチング、そしてマーケティング・ストーリーづくりなど新市場創造活動の要所を担うことになる。

　補足として、従来のマーケティング領域での広報業務について触れるとすれば、その大きな環境変化は SNS の登場にある。これまでマスメディアを中心に新商品やキャンペーンの PR 施策を行ってきたが、インターネットの発達に伴い、2005年辺りから世の中に大きな影響を持つブロガーを意識するようになった。しかしそれも一時的で、2010年以降はツイッターやフェイスブック、LINE、インスタグラム、ユーチューブを通して、一人ひとりがメディアの発信者となる時代になり、PR 施策はその対象を大きく広げなければならなくなった。

　SNS での PR 施策をどう行うかについては、一般解はなく、できるだけ多く

の施策を用意し、トライ＆エラーで効果を確かめながら行うほかはない。

　一方で、新商品のマーケティング施策に対して、炎上などのトラブルも目立つようになってきた。2017年には、大手のアルコール飲料メーカーが2つの連続したトラブルに見舞われた。

　最初の一つは、出張先で新製品のビール系飲料と日本のご当地グルメを楽しむ設定のWeb限定公開CMだった。そこに登場する「ご当地美女」の物腰やセリフが「卑猥すぎる」だという批判がまたたくまにSNSで広がり、CMはすぐに打ち切りになった。批判者には女性が多く見られた。新商品デビューの出鼻をくじかれたかっこうで、その損失は大きなものとなった。

　もう一つは、同社の別のビールの広告に起用された人気女性タレントが日本人ではないという理由から、ヘイト投稿に見舞われ、広報担当者は「今回の当社の投稿に対して、ツイッター上でキャンペーン趣旨とは異なるコメントが多くついている事態を残念に思っております」と答えた。これについては、逆に「残念」だけではなくヘイトスピーチを認めないという「毅然とした態度の表明」を求める声が挙がった。

　この2つのトラブルからは、SNSの時代には企業と社会との距離が縮まり互いが等身大的な関係になっていること、企業が、女性の社会的位置づけやダイバーシティ、フェアネスなどもっと時代の変化を理解し、敏感に対応しなければならないことが分かる。また、これまでの危機管理的な受け身的な広報から、積極的に社内を啓蒙し、社会に意見を表明する能動的な広報対応を求められていることが示唆されている。

（金　正則）

終 わ り に

　10年後の日本企業の広報活動、マスコミはどうなっているのだろうか。日本の企業の広報関係者の現在の関心は、企業経営のグローバル化に伴いグローバル広報、ホールディングス化に伴いグループ広報、それらによる社員の多様化に伴いインターナルコミュニケーション、SNS の普及に伴い SNS への対応と炎上などの新たな危機管理広報などである。

　今後、企業を取り巻く経営環境の変化に伴い、経営者が広報部門に求めるものも変わる。

　私（佐桑）は、これからの10年間で企業広報に求められるものが大きく変化するのではないかと思っている。その変化のヒントは米国で見られるのではないかと見ている。本書でも PESO について触れたが、その中でも「O」（自社メディア）が注目されてくると見られている。大きな流れとしては、そういう方向に向かうのではないだろうか。SNS の活用やインターナルコミュニケーションへの広報部門の関わり方が変貌するように思われる。

　一方のマスコミも、経営が厳しくなり、記者にも「働き方改革」の波が押し寄せている。24時間の取材体制も変わらざるを得ない。また、ウェブ版に重点が置かれるようになると、紙中心の締め切り時間ではなく、ウェブが最も見られる時間帯に向けて記事を書くようになる。

　そうはいうものの、特に日本の場合、既存のマスコミの影響力が大きく、マスコミ対応やミスが許されない危機管理広報の重要性は変わらないだろう。日本企業の場合、広報担当者は専門家として雇われているのではないため、こうしたノウハウを蓄積することは貴重だ。本書では、こうした手練手管をやさしく丁寧に解説した。

　マーケティング PR は、商品やキャンペーンを消費者に直接的に働きかける行為なので、メディアの変化、社会の変化を直接的に受ける。生活者のマスメディア接触時間縮小はそれ以外のメディアへの対応の必要性を生じさせた。また、成熟化した市場では、商品認知の獲得が最大の目標ではなく、生活者の価値醸成や態度変容に重きが置かれる。それらは「中心はマス広告、サブとし

ての PR」、「広告部門が主体となって PR 部門がサポートする」というコミュニケーション戦略の基本フォーメーションが崩れることを意味している。これからは、ターゲット顧客から生活者、社会までを意識したトータルなマーケティング・コミュニケーション戦略が先立ち、そのなかでの広告戦略という位置づけが求められる。部分としての PR 戦略は解体され全体戦略を担うことになるだろう。

　トータルなマーケティング・コミュニケーション戦略を組み立てるためには、先ず、市場を理解しなければならない。理解すべき市場の要素には、消費に関する価値観だけでなく、消費文化の基盤となる社会の価値観が含まれる。

　職場でのセクシャル・ハラスメントやパワー・ハラスメントは社会から声が上がり、国が主導して、企業内の意識変化を求めた。フェアネス（社会的公正）やダイバーシティ（多様性の受容）への要求は今後、加速度的に増していくだろう。インターネットで時差なく共有される情報が世界にもたらす価値観の変化スピード、グローバル基準での常識の浸透、そのような社会変化に追いついてない日本企業も少なくない。

　特に商品のアピール、注目度を求めるコミュニケーションでは、いわば「売らんかな」重視の「話題性を集めるためのバズ・マーケティング」を許容する流れが社内でできやすい。

　それは下手をすると「炎上」騒ぎに発展する。文化庁は「国語に関する世論調査」（平成28年度）で、情報化の中でのコミュニケーションを知るためとして、「炎上」を目撃した時に書き込みや拡散をするかどうかを尋ねた。その結果によると、書き込みや拡散をすると思うと答えた人は全体の2.8％、ただし20代では10.7％だった。

　炎上に参加する人が一定数いることは、必ずしも従来のように企業側に原因がある出来事だけでなく、悪意的なデマや、フェイクニュース、中傷が広がっていく事態を示しているし、実際に起こっている。その際に受け身になること、あらざる非に沈黙をしてしまうことは、さらに「炎上」に油を注ぐことになる。炎上そのものはいつまでも続かないが、その時の守勢の態度は、「時代に追いついてない企業」「社会関与に消極的な企業」として、企業イメージの根幹である「リスペクト（尊敬）」を失ってしまう。

同時に、企業の社会的責任としての社会貢献「CSR（Corporate Social Responsibility）」から、企業が事業を通して社会的課題を解決する「社会価値創造経営 CSV（Creating Shared value）」の考え方への移行が進み、企業と社会との距離は縮まっている。

　「企業価値創造」の本質的な視点に戻れば、既存市場でのシェアの奪い合いという、いわゆるレッドオーシャン市場から抜け出し、「新市場の発見と創造」を行い、ブルーオーシャン市場へと向かうことが急がれている。新市場の発見と創造は、企業のさまざまな部門の能力を最大限に発揮する総力戦になる。広報の機能は新市場をもたらす社会との接点にあり、まず、社会の変化、消費者の欲求変化を読むことで「新市場の創造と発見」に寄与しなければならない。

　こうして見ていくと、「企業の顔、スポークスマン」としての広報から「社会と企業をつなぐ」広報へ、と同時に「守り」の広報だけではなく「攻め」の広報へと舵を切ることが一層迫られている。

　2017年12月

佐桑　　徹

江良　俊郎

金　　正則

著者略歴

佐桑　徹（さくわ・とおる）……………………………………… 第1章〜第6章　執筆

一般財団法人　経済広報センター常務理事・国内広報部長。慶應義塾大学経済学部
卒。経団連事務局、東京新聞・中日新聞記者を経て1998年に経済広報センター。
2015年より現職。環太平洋大学経営学部客員教授。明治大学客員研究員。
産業教育で文部科学大臣賞。
主な著書に『図解でわかる仕事　広報部』（日本能率協会マネジメントセンター）、『戦
略的社内コミュニケーション』（共訳、日刊工業新聞社）、『ウェブ時代の企業広報』
（同友館）、『広報 PR & IR 辞典』（編集委員、同友館）、『広報・PR 効果は本当に測れ
ないのか』（共訳、ダイヤモンド社）など。

江良　俊郎（えら・としろう）……………………………………… 第7章〜第9章　執筆

株式会社エイレックス代表取締役／チーフ・コンサルタント。神奈川大学法学部卒。
大手広報会社を経て2001年、事件・事故、企業不祥事対応を手掛ける危機管理広報
会社、エイレックス設立。日本広報学会理事、日経ビジネススクール講師を歴任。
現在は公益社団法人日本パブリックリレーションズ協会副理事長、日本能率協会マ
ネジメントスクール（危機管理・企業広報実務）講師。著作に『SNS 時代の危機管理
広報』『経営を支える広報戦略』（経済広報センター編、分担執筆）、『謝罪力』（祥伝社）
など。

金　正則（きん・まさのり／キム・ジョンチ）……………………………… 第10章　執筆

シンク・ファーム代表取締役／マーケティング・ディレクター。上智大学卒。生活
者研究と未来予測、新商品・新事業開発など市場分析と戦略プランニングの専門家。
著書に『1万人市場調査で読み解くツイッター社会進化論』（朝日新書）。

2017年12月20日　第1刷発行

新時代の広報
　―企業価値を高める
　　企業コミュニケーション―

© 著　者　佐桑　　徹
　　　　　　江良　俊郎
　　　　　　金　　正則
　　発行者　脇坂　康弘

発行所　株式会社 同友館

〒113-0033 東京都文京区本郷 3-38-1
TEL.03（3813）3966
FAX.03（3818）2774
URL　http://www.doyukan.co.jp/

乱丁・落丁はお取り替え致します。
ISBN 978-4-496-05330-6

三美印刷／松村製本所
Printed in Japan

本書の内容を無断で複写・複製（コピー）、引用することは、
特定の場合を除き、著作者・出版者の権利侵害となります。